ORIGAMI

für Einsteiger

Nick Robinson

ORIGAMI

für Einsteiger

Mit Vorlagen
und Material

Bechtermünz Verlag

Zuerst veröffentlicht 1999 durch
The Apple Press
The Apple Press ist ein Imprintverlag von
Quarto Publishing plc

Deutsche Erstausgabe

Design: Kevin Williams
Fotos: Martin Norris, Andrew Sydenham
Illustrationen: Terry Evans
Umschlaggestaltung: Georg Lehmacher,
Friedberg (Bay.)
Umschlagmotive: Martin Worris,
Andrew Sydenham
Gesamtherstellung: Mladinska Knjiga-
Tiskarna, Ljubljana
Printed in Slovenia
ISBN 3-8289-2339-9

INHALT

ZUR VERWENDUNG DIESES BUCHES

ORIGAMI ist die Kunst, aus Papier lebensechte, dekorative oder sogar abstrakte Kunstwerke zu falten. Die meisten Origamifiguren beginnen mit einer Folge sehr einfacher Faltungen, den so genannten Grundformen. Die absolute Beherrschung der für diese Grundformen erforderlichen Falttechniken ist der Schlüssel zum Erfolg. Mit zunehmender Erfahrung und Geschicklichkeit lassen sich damit die tollsten Sachen basteln.

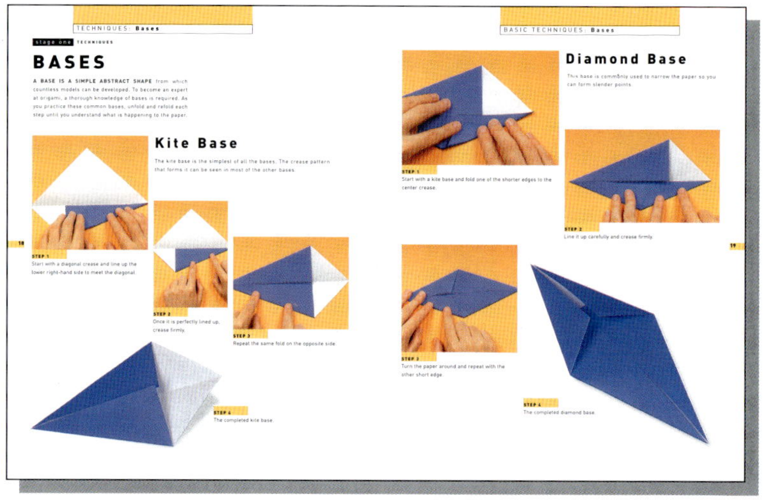

STUFE 1 – GRUNDTECHNIKEN

- Erlernen der grundlegenden Falttechniken, die unter „Falten und Knicke" und „Grundformen" aufgeführt sind.
- Arbeiten nach den Schritt-für-Schritt-Anleitungen unter den Farbfotos.
- Wiederholen der einzelnen Falttechniken bis zur sicheren Beherrschung.

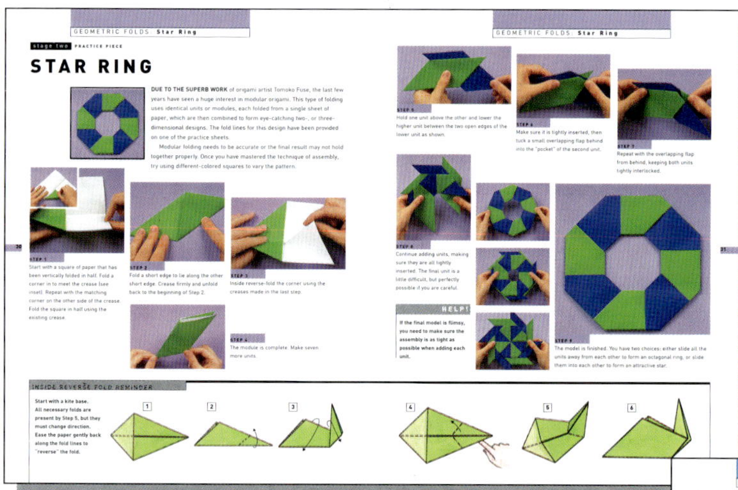

STUFE 2 – ÜBUNGSFIGUREN

- Anfertigen einfacher Origamifiguren anhand der in Stufe 1 erlernten Techniken.
- Arbeiten mit einem Übungsbogen anhand der Schritt-für-Schritt-Anleitungen.
- Wiederholen der Grundformen auf den Bildtafeln unten auf der Seite.
- Die Infoboxen enthalten zusätzliche Hilfen.
- Üben jedes einzelnen Modells bis zur sicheren Beherrschung.
- Das Buch enthält zehn Übungsbögen mit vorgedruckten Faltlinien für die Übungsstücke dieser Stufe.

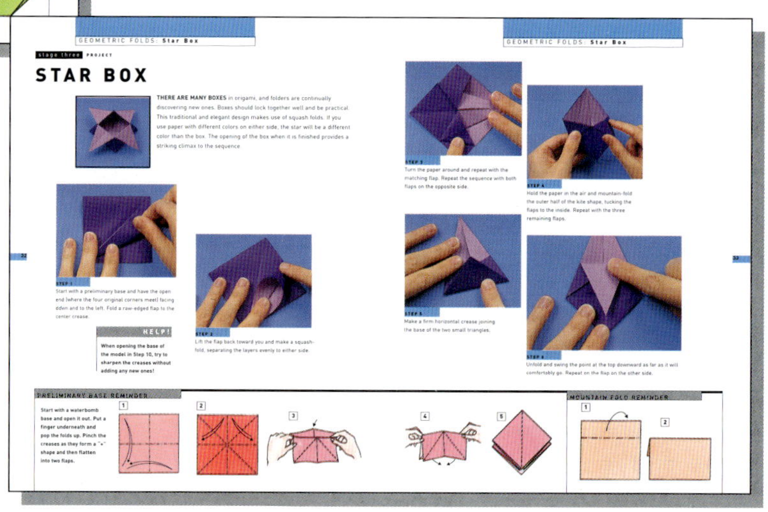

STUFE 3 – PROJEKT

- Wer den Schritt-für-Schritt-Anleitungen folgt, kann die einzelnen Projekte mit viel Selbstvertrauen in Angriff nehmen.
- Wer Hilfe braucht, kann sich an den Infoboxen und den Bildtafeln orientieren.
- Das Buch enthält im hinteren Teil 10 Bogen farbiges Origamipapier.

MATERIALIEN UND AUSRÜSTUNG

Eins ist sicher, von allen Hobbys im Bereich der Kunst und des Kunsthandwerks ist Origami das preiswerteste – man braucht nur ein Stück Papier und geschickte Hände. Eine gut ausgeleuchtete Arbeitsfläche (Tisch oder Schreibtisch) und ein ausreichender Papiervorrat machen das Falten leichter. Im Laufe der Zeit wird ein Bücherregal nötig, um all die vielen Origamibücher unterzubringen. Dort findet sich dann auch Platz zum Aufstellen der gelungensten Arbeiten.

Im Handel erhältliches Papier ist meist schon quadratisch geschnitten. Wer größere Papierbögen kauft, muss das Material meist in Form schneiden. Hierzu gibt es zwei gebräuchliche Methoden.

- Schneiden mit einer möglichst großen Papierschneidemaschine, mit der sich auch größere Quadrate schneiden lassen. Diese Geräte sind eine große Arbeitserleichterung, aber häufig sehr teuer.
- Schneiden mit einem Teppich- oder Bastelmesser auf einer Schneidematte. Aus Sicherheitsgründen sollte das Messer eine versenkbare „snap-off" Klinge haben. Schneidematten sind nicht teuer, und man bekommt sie in fast allen Bastelläden.

AUFBEWAHREN DER ORIGAMIFIGUREN

Das sichere Aufbewahren ihrer Origamifiguren stellt Experten wie Anfänger vor das gleiche Problem. Die meisten wickeln die einzelnen Stücke sorgfältig in Seiden- oder Küchenpapier und bewahren sie in Pappkartons auf.

PAPIER SCHNEIDEN

Immer mit der erforderlichen Sorgfalt arbeiten, und nach der Arbeit das verwendete Messer wieder sicher verstauen. Mit Hilfe der drei nebenstehenden Schritte wird aus einem Rechteck ganz einfach ein Quadrat.

SCHRITT 1
An einer Ecke des Rechtecks beginnen.

SCHRITT 2
Die Ecke zu einem Dreieck falten, die Oberkanten müssen genau übereinander liegen.

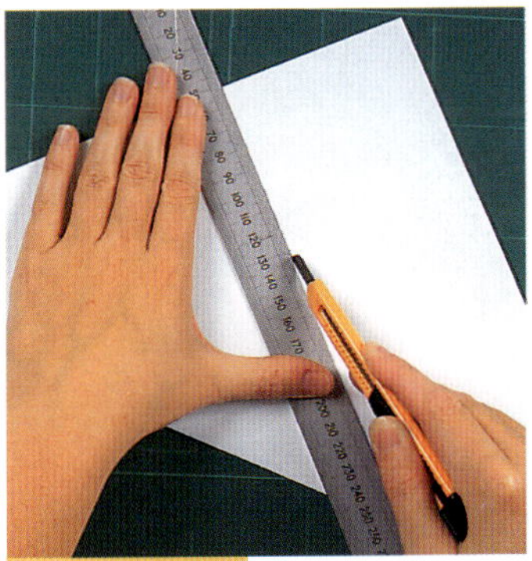

SCHRITT 3
Das überstehende Papier abschneiden.

Die Auswahl des Papiers

Die Art des zum Falten verwendeten Papiers richtet sich danach, wie das fertige Stück genutzt werden soll. Zum Falten der ersten Stücke reicht einfaches Papier. Sollen die Kreationen in einer Kunstgalerie ausgestellt werden, sind Größe, Farbe, Gewicht und Textur des Papiers besonders wichtig.

GRÖSSE

Es liegt in der Natur der Sache, dass die gefalteten Papierfiguren um ein Vielfaches kleiner sind als das Papier, aus dem sie entstehen. Soll eine Figur eine bestimmte Größe haben, muss man zunächst aus einfachem Papier ein Modell falten, an dem man den Grad der Verkleinerung erkennen kann. Anschließend kann man errechnen, welche Größe der Bogen für die entsprechende Arbeit haben muss. Eine besondere Herausforderung und fast schon eine eigene Kunstform ist das Falten sehr großer oder auch sehr kleiner Motive. Aber mit ein wenig Geduld und wachsender Erfahrung lassen sich recht bald die gewünschten Ergebnisse erzielen.

FARBE UND MUSTER

Anfänger benutzen häufig – ohne Rücksicht auf das Motiv – Papier in leuchtenden Farben. Erst wenn man eine bestimmte Figur perfekt falten kann (und das ist oft erst nach zahlreichen Versuchen der Fall), sollte man sich für Farbe und Muster des Papiers entscheiden. Diese Entscheidung ist immer eine Frage des persönlichen Geschmacks; aber man sollte darauf achten, dass man nicht durch zu leuchtende Farben die Aufmerksamkeit vom eigentlichen Motiv ablenkt. Ein perfekt gefaltetes Origamimodell ist auch dann ein Blickfang, wenn es aus braunem Packpapier entstanden ist.

GEWICHT

Gewicht oder Dicke des Papiers bestimmen die Art der daraus entstehenden Figuren. Dickes Papier ist für komplizierte Faltungen ungeeignet, weil man damit feine Details nicht herausarbeiten kann, oft lässt sich das Papier nicht einmal in der Mitte falten, ohne einzureißen. Zu dünnes Papier wiederum ist nicht kräftig genug für Figuren, bei denen die Papierstärke für den Halt ausschlaggebend ist. Ganz normales Kopierpapier hat die ideale Stärke zum Falten, und preiswert ist es außerdem.

STRUKTUR

Dickeres Papier hat häufig eine charakteristische Struktur und Griffigkeit. Dies betont das Aussehen und die Oberflächenwirkung bestimmter Figuren.

NORMALES ORIGAMIPAPIER

Die Bögen auf dieser Seite stammen aus einem typischen Satz Origamipapier, das es in den unterschiedlichsten Farben gibt. Die bereits quadratisch zugeschnittenen Bögen (15 cm) haben die ideale Größe für fast alle Faltarbeiten.

FOLIENBESCHICHTETES PAPIER (UNTEN)
Gold und Silber sind allgemein beliebte Farben, aber man braucht schon Erfahrung, um damit gute Ergebnisse zu erzielen.

Papiersorten

ORIGAMIPAPIER

Origamipapier hat meist eine farbige und eine schlicht weiße Seite. Es gibt jedoch auch beidseitig farbiges Papier. Ein typischer Satz enthält bereits quadratisch zugeschnittene, 15 x 15 cm große Bögen in unterschiedlichen Farben; aber andere Größen werden ebenfalls angeboten. Seit einigen Jahren stehen immer mehr Sorten mit faszinierenden Mustern und Strukturen zur Auswahl. Washi-Papier z. B. wird in Japan handgeschöpft und ist in vielen traditionellen Mustern erhältlich. Das Papier ist zwar sehr weich und für komplizierte Motive nicht geeignet, aber es verleiht den Figuren etwas vom Zauber Asiens.

FOLIENBESCHICHTETES PAPIER

Die meisten kennen dieses weiße, auf der Rückseite mit glänzender Folie kaschierte Papier aus dem Kunstunterricht in der Schule. Es ist es in den unterschiedlichsten Farben erhältlich, aber Gold und Silber sind die gängigsten. Folienpapier auf großen Rollen ist in der Regel glatt, man bekommt aber auch eine große Auswahl für Origami besonders geeigneter, geprägter Papiere. Faltarbeiten mit Aluminiumfolie gestalten sich schwierig, aber es gibt Faltkünstler, die mit Sprühkleber auf beide Seiten der Folie eine Lage Seiden- oder Küchenpapier aufbringen. Dieses als „Gewebe-Folie-Gewebe" bekannte Laminat ist besonders geeignet zum Falten extrem kleiner, komplizierter Motive. Alle Folienpapiere haben jedoch einen großen Nachteil: Es ist beinahe unmöglich, die Richtung einer einmal gefalzten Falte zu korrigieren.

PACKPAPIER

Die meisten Packpapiere sind ein optimales Medium für Faltarbeiten. Allerdings muss man die Bögen meist zu passenden Quadraten zurecht schneiden.

RECYCLINGPAPIER

Billige Recyclingpapiere sind ungeeignet für Faltarbeiten, weil sich die Falten darin nicht halten. Nimmt man das Wort Wiederverwertung jedoch wörtlich, so findet man ein riesiges Repertoir wiederverwertbarer Papiersorten, wie z. B. Manuskripte, Computerpapier, Broschüren, Poster, Prospekte usw. Dieses Papier kostet nichts und eignet sich bestens als Übungsmaterial.

GESCHENKPAPIER (UNTEN UND RECHTS)
Einfarbige oder gemusterte Geschenkpapiere geben Origamiarbeiten einen unverwechselbaren, reizvollen Charakter. Das nur in großen Bögen erhältliche Material muss passend zugeschnitten werden.

Stufe 1: GRUNDTECHNIKEN

SO WIRD GEFALTET

WANN

Gute Origamiarbeiten brauchen Zeit und Muße. Die oft schwierigen Faltungen lassen sich in einer ruhigen Umgebung, ohne Hektik und Lärm, konzentrierter durchführen. Entspannungsmusik im Hintergrund kann die Konzentration fördern.

WO

Auf dem Arbeitsplatz sollten neben dem geöffneten Buch auch noch das Papier und die Ellbogen genügend Platz haben. Natürlich ist Tageslicht immer die beste Beleuchtung, aber – egal mit welcher Lichtquelle man arbeitet – wichtig ist, dass der Platz optimal ausgeleuchtet ist. Wer kann, sollte für seitlichen Lichteinfall sorgen, die Falten treten dann deutlicher hervor.

WIE

Absolut saubere und akkurate Faltungen sind Vorbedingung für alle Origamiarbeiten. Hierzu muss das Papier vor dem Falten vollkommen gerade ausgerichtet sein. Mit ein paar Sekunden Vorarbeit mehr schafft man optimale Voraussetzungen für ein erstklassiges Ergebnis. Später, bei der Fertigung komplexer Motive, kann eine falsche Faltung zu Beginn bedeuten, dass man das Modell nicht abschließen kann. Am besten nutzt man die charakteristischen Eigenschaften des Papiers. Fehler entstehen häufig durch erzwungene Falten. Zeigt eine Falte Knitter, den entsprechenden Arbeitsschritt rückgängig machen, das Papier glätten, und die Faltung – diesmal vorsichtiger – wiederholen.

Infobox!

Die folgenden Tricks helfen vielleicht, wenn eine bestimmte Faltung nicht gelingen will.

- **Text sorgfältig lesen und versuchen zu arbeiten, ohne die Illustrationen zur Hilfe zu nehmen.**
- **Die nachfolgende Illustration sorgfältig ansehen, und versuchen, herauszufinden, in welche Richtungen man Falten und Schichten legen muss, um das gezeigte Ergebnis zu erzielen.**
- **Es nach einer kurzen Pause nochmals versuchen.**
- **Freunde bitten, das Modell gleichzeitig zu falten, mit vereinten Kräften geht es oft leichter.**
- **Eine eigene Lösung suchen und finden, auch wenn diese sich von der im Buch gezeigten unterscheidet. Oft kommt die Inspiration beim Falten.**

DIE BEDEUTUNG DER SYMBOLE

Origami ist sicherlich nicht zuletzt deshalb weltweit zum Hobby geworden, weil es für die Faltungen eine Reihe allgemein gültiger Symbole gibt. Akira Yoshizawa, ein Meister des Origami, hat diese Symbole entwickelt, und Samuel Randlett, ein Amerikaner, hat sie verbessert. Mit Hilfe dieser Zeichen sind die Faltanweisungen international verständlich, unabhängig von der Sprache, in der sie geschrieben sind. Es gibt nur wenige Grundsymbole, aber im Laufe der Jahre sind viele neue Zeichen hinzugekommen.

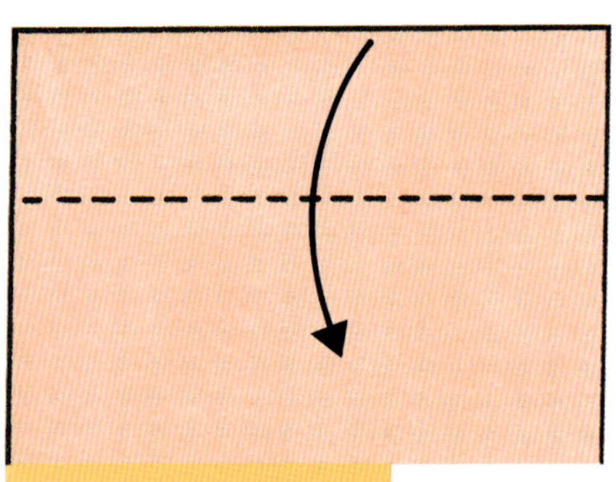

TALFALTE

Wird wie in der Abb. oben durch eine gestrichelte Linie angezeigt – eine Seite des Papiers wird nach oben und auf die Papiervorderseite zu gefaltet.

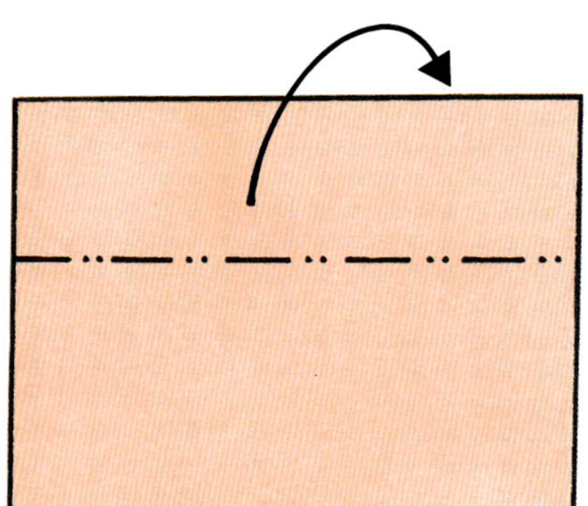

BERGFALTE

Wird wie in der Abb. oben durch einen Strich und zwei Punkte symbolisiert – eine Seite des Papiers wird nach hinten und auf die Papierrückseite zu gefaltet.

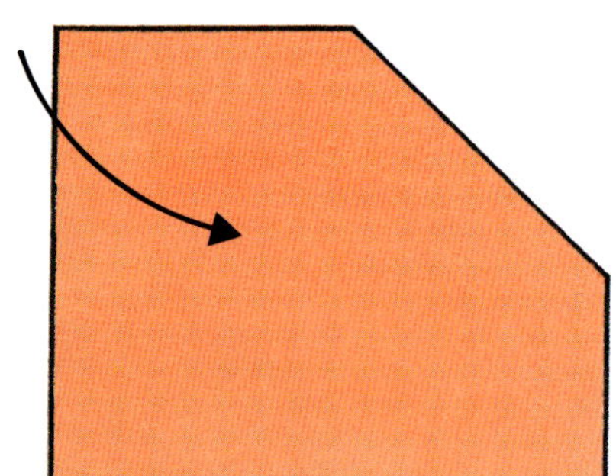

RICHTUNGSPFEILE

Zeigen wie in der Abb. oben die Faltrichtung an.

DIE WICHTIGSTEN FALTENFORMEN

Die verschiedenen Falttechniken sind das A und O des Origami. Diese Faltungen haben einen logischen Ablauf, und es ist sehr wichtig, dass man sie so lange immer wieder übt, bis sie wie von selbst von der Hand gehen. Wenn man sie einmal beherrscht, kann man sie auch zu immer wieder neuen eigenen Kreationen kombinieren.

Nachstehend und auf den Seiten 12 bis 17 sind die Faltungen gezeigt, die man für die in diesem Buch vorgestellten Projekte beherrschen muss. Man sollte jede einzelne Faltung mit Schmierpapier solange üben, bis man sie wie im Schlaf wiederholen kann. Während dieser Übungsphase immer mal wieder Abstände und Winkel der einzelnen Faltungen ändern und beobachten, wie sich dadurch das fertige Modell verändert.

Talfalte

Die Talfalte ist das Grundelement für alle Origamifiguren. Diese sehr einfache Faltung sollte immer absolut perfekt ausgeführt werden.

SCHRITT 1
Eine Ecke des Papiers anheben und auf die gegenüberliegende Ecke umlegen.

SCHRITT 2
Die Ecken langsam und präzise übereinanderlegen – dabei versuchen, die untere Blatthälfte ruhig zu halten und nur mit der oberen zu arbeiten.

SCHRITT 3
Die beiden Hälften mit einer Hand festhalten und die Falte mit der anderen – von der Mitte ausgehend nach außen – glatt streichen (ohne Abb.). Öffnet man diese Falte, bilden die beiden erhobenen Seiten ein Tal.

Bergfalte

Die Bergfalte ist die Umkehrung der Talfalte. Es ist nicht einfach, Papier nach hinten und gleichzeitig akkurat zu falten. Man dreht daher das Papier am besten um, faltet eine Talfalte, dreht es wieder mit der Vorderseite nach oben und knickt die Falte in die Gegenrichtung zu einer Bergfalte.

SCHRITT 1

Das Papier wieder auf die Vorderseite legen, wenn die Talfalte entstanden ist. Den unteren Papierrand anheben und die Kanten präzise auf die gegenüberliegenden Ecken legen, dabei die Faltlinie der Talfalte benutzen, diese aber umkehren.

SCHRITT 2

An der Faltlinie entlang einen scharfen Knick ziehen.

SCHRITT 3

Wenn man jetzt das Papier entfaltet und auf den Tisch stellt, sollte die Falte einen deutlich erkennbaren Rücken bilden, der an einen Gebirgskamm erinnert.

Orientierungsfalte

Es kommt häufig vor, dass man eine Falte machen muss, die nicht bis zur gegenüberliegende Ecke oder Kante gezogen wird. Hierzu legt man eine kleine so genannte Orientierungsfalte an, z. B. wenn man ohne unnötige Faltungen zur Mitte eines Quadrates falten will.

SCHRITT 1

Man beginnt mit einem Blatt, das in der Mitte vertikal gefaltet und wieder entfaltet wird. Anschließend die untere Blattkante nach oben falten, das Papier jedoch nicht glatt streichen.

SCHRITT 2

Die Kanten – wie bei einer vollen Faltung – akkurat ausrichten, jedoch nur in der Mitte sehr vorsichtig einen kleinen Knick machen.

SCHRITT 3

Beim Entfalten erscheint die Orientierungsfalte. Die Papiermitte liegt genau im Schnittpunkt zwischen der ersten Falte und der Orientierungsfalte.

Zusammengeschobene Falte

Diese Faltung mit dem charakteristischen Namen wird für Origamiobjekte häufig verwendet. Beginnt eine zusammengeschobene Faltung zu knittern, sofort entfalten, das Papier glätten und von vorn beginnen.

SCHRITT 1
Ausgangspunkt ist ein von links nach rechts auf die Mitte gefaltetes Quadrat. Die untere kurze Kante auf die obere falten, die Falte jedoch nicht flach drücken.

SCHRITT 2
Den Mittelpunkt mit einer kleinen Mittelbruchfalte markieren (kleines Bild) und entfalten. Die kurze Kante jetzt bis zum Mittelbruch falten und fest andrücken.

SCHRITT 3
Die so entstandenen Flügel anheben und die beiden Papierlagen öffnen.

SCHRITT 4
Einen Finger zwischen die Schichten und bis zum Ende der Faltung schieben. Die Spitze der beiden Flügel wird dabei immer flacher. Finger auf die Spitze legen, um eine gleichmäßige Ausdehnung zu erreichen. Mit Hilfe des Mittelbruchs die akkurate Ausrichtung kontrollieren.

SCHRITT 5
Die fertige zusammengeschobene Falte.

Stufe 1: **GRUNDTECHNIKEN**

SCHRITT 1
Eine Ecke des Papiers diagonal auf die gegenüberliegende falten, einen Finger in die Mitte der Faltung legen und nach außen falzen.

Hasenohr

Hier entsteht mit drei einzelnen Faltungen ein kleiner dreieckiger Flügel, der nach beiden Seiten beweglich ist. Diese Technik wird häufig zur Faltung von Ohren benutzt – daher auch der Name.

SCHRITT 2
Die fertige diagonale Falte.

SCHRITT 3
Papier entfalten, dann untere linke Spitze an die diagonale Mittelfalte legen.

SCHRITT 4
Falte glatt streichen und entfalten.

SCHRITT 5
Schritt 3 und 4 für die untere rechte Spitze wiederholen und entfalten.

SCHRITT 6
Papier im Uhrzeigersinn um 90° drehen und auf die Hälfte falten, jedoch lediglich von der linken Diagonalfalte aus nach außen glatt streichen (siehe oben).

SCHRITT 7
Papier entfalten und gegen den Uhrzeigersinn wieder in die Position von Schritt 5 bringen. Die unteren linken und rechten Seiten anheben und nach innen falten.

SCHRITT 8
Die in der Mitte entstande Klappe zeigt nach oben.

SCHRITT 9
Die dreieckige Spitze zu einer Seite hin flach drücken.

SCHRITT 10
Das fertige Hasenohr.

Gegenbruchfalte nach innen

Diese Falte erhielt ihren Namen, weil man zwei der insgesamt drei Faltungen wieder „umkehren" muss. Durch die Bewegung des Papiers nach innen entsteht eine „Gegenbruchfalte nach innen". Das Geheimnis des Erfolgs liegt in der akkuraten Durchführung und Falzung der in Schritt 3 gezeigten Vorfaltung.

SCHRITT 1

Mit der Drachenform von Seite 18 beginnen und an der Mittelfalte entlang auf die Hälfte falten …

SCHRITT 2

… wie hier gezeigt.

SCHRITT 3

Einen Teil des spitzen Endes im Winkel vom langen Ende weg falten. Ein genaues Winkelmaß ist dabei unwichtig. Fest andrücken.

SCHRITT 4

Zur Ausgangsposition entfalten und das Papier drehen. Alle Faltungen für die Gegenbruchfalte sind bereits vorhanden, einige müssen jedoch in eine andere Richtung gebracht werden. Über die untere der beiden kurzen Faltungen das Papier nach unten falten, wobei das Papier jetzt noch nicht flach liegen bleibt.

SCHRITT 5

Die ursprüngliche Diagonalfalte wird zur Talfalte, und je flacher das Papier wird, desto mehr ändert auch die zweite kurze Faltung die Richtung.

SCHRITT 6

Die Falten nochmals nachfalzen, und die Gegenbruchfalte nach innen ist fertig.

Gegenbruchfalte nach außen

Die Technik ist ähnlich wie die der Gegenbruchfalte nach innen, jedoch liegt zum Schluss der umgekehrt gefaltete Teil des Papiers außen.

SCHRITT 1
Wie bei der Gegenbruchfalte nach innen mit der auf die Hälfte gefalteten Drachenform (Seite 18) beginnen. Diesmal jedoch die Spitze im Winkel von der doppelt gefalteten Kante weg falten und kräftig knicken. Die Richtung verläuft hier entgegengesetzt zu der in Schritt 3 auf Seite 16 gezeigten Ausrichtung.

SCHRITT 2
Die Unterseite der Drachenform auseinander falten. Eine kurze Falte, die Talfalte, bleibt, die Bergfalte muss zu einer Talfalte umgefaltet werden.

SCHRITT 3
An der Diagonalfalte beginnen, das Papier auf die Hälfte zu falten; dabei die kurze Talfalte richtig positionieren. Die Mittelfalte der umgedrehten Spitze ebenfalls umkehren.

SCHRITT 4
Hier die gleiche Faltung aus einem anderen Blickwinkel. Man sieht, dass alle drei Faltungen der umgekehrten Spitze zu Talfalten werden.

SCHRITT 5
Alle Falten glatt streichen.

SCHRITT 6
Die fertige Gegenbruchfalte nach außen.

Stufe 1: **GRUNDTECHNIKEN**

GRUNDFORMEN

Eine Grundform ist eine einfache, abstrakte Form, aus der man zahlreiche verschiedene Figuren entwickeln kann. Man kann Origami nur perfekt beherrschen, wenn man die Grundformen in- und auswendig kennt. Deshalb sollte man während der Trainingsphase dieser bekannten Grundformen jede einzelne Faltung immer wieder falten und entfalten, um ein Gefühl für das Verhalten des Papiers zu bekommen.

Drachenform

Die Drachenform ist die einfachste Grundform. Das hier verwendete Faltmuster wiederholt sich in fast allen anderen Grundformen.

SCHRITT 1
Mit einer Diagonalfalte beginnen und die untere rechte Spitze zur Diagonalen talfalten.

SCHRITT 2
Die exakt ausgerichtete Falte gut flach drücken.

SCHRITT 3
Die gleiche Faltung mit der anderen Spitze wiederholen.

SCHRITT 4
Die fertige Drachenform.

Rautenform

Mit dieser Grundform reduziert man normalerweise das Papierformat zum Falten sehr schmaler Spitzen.

SCHRITT 1
Von der Drachenform ausgehend eine der kurzen Ecken zur Diagonalen falten.

SCHRITT 2
Exakt ausrichten und festdrücken.

SCHRITT 3
Das Papier drehen und den Vorgang mit der zweiten Ecke wiederholen.

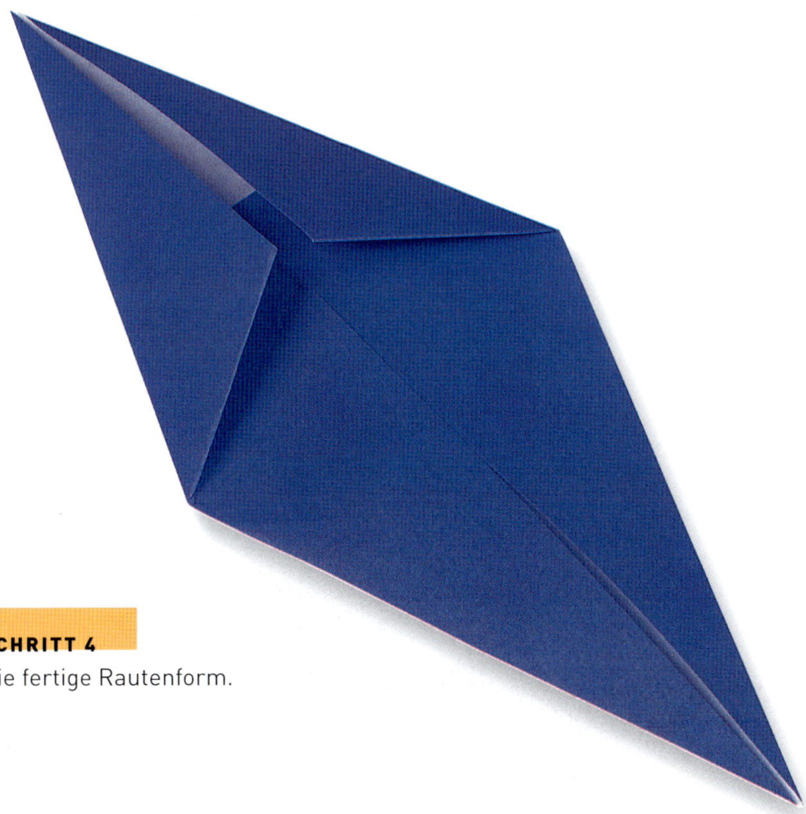

SCHRITT 4
Die fertige Rautenform.

Stufe 1: **GRUNDTECHNIKEN**

Fischform

Die Fischform entsteht durch das Falten von Hasenohren auf beiden Seiten eines Quadrats. Die entstandenen Flügel können dann – z. B. für Beine – zusammengeschoben oder zu einer Blumenform gefaltet werden.

SCHRITT 1

Mit einer umgekehrten Drachenform beginnen (die Spitze zeigt nach vorn). Die Spitze auf das gegenüberliegende Ende falten …

SCHRITT 2

… und Falte fest andrücken (siehe kleines Bild). Figur wenden und leicht drehen. Eine der Taschen mit dem Finger vorsichtig öffnen, …

SCHRITT 3

… sodass die beiden glatten Ecken sich zum Mittelbruch hin falten …

SCHRITT 4

… wie hier gezeigt. Papier akkurat glätten.

SCHRITT 5

Schritte 2–4 auf der andern Seite wiederholen. Dabei darauf achten, dass die glatten Ecken genau am Mittelbruch abschließen.

SCHRITT 6

Die fertige Fischform.

Wasserbombenform

Dies ist die klassische Grundform zum Falten der bei Kindern so beliebten Wasserbombe. Wenn man sie von innen nach außen kehrt, bilden die gleichen Falten die vorbereitende Grundform.

SCHRITT 1
Man beginnt mit der farbigen Seite nach oben. Das Quadrat in der Mitte falten und wieder entfalten.

SCHRITT 2
Anschließend das Quadrat von links nach rechts auf die Hälfte falten und wieder entfalten.

SCHRITT 3
Das Papier umdrehen und diagonal falten. Wieder öffnen und in die andere Richtung ebenfalls diagonal talfalten.

SCHRITT 4
Damit sind alle erforderlichen Falten angelegt (siehe kleines Bild). Das Papier auf der Unterseite festhalten und leicht zur Mitte hin drücken, sodass die Form eines Sterns entsteht.

SCHRITT 5
Das Papier glatt streichen, sodass sich zu beiden Seiten der Mittelfalte Flügel bilden. Die Falten nochmals nachziehen.

SCHRITT 6
Die fertige Wasserbombenform.

Stufe 1: **GRUNDTECHNIKEN**

Vorbereitende Form

Diese Grundform ist der geeignete Ausgangspunkt für die unterschiedlichsten Kreationen. Die vier Ecken des Quadrats stoßen hier in der Mitte zusammen.

SCHRITT 1
Man beginnt mit der Wasserbombenform und entfaltet diese langsam.

SCHRITT 2
Wenn sie fast offen ist, einen Finger unter die Papiermitte legen ...

SCHRITT 3
... und die Falten von innen nach außen drücken.

SCHRITT 4
Zum Schluss die Bergfalten auf beiden Seiten zusammendrücken und sie nach unten und aufeinander zu drücken.

SCHRITT 5
Das Papier hat jetzt die Form einer Dartbefiederung. Glatt streichen, sodass sich zu beiden Seiten der Mittelfalte Flügel bilden.

SCHRITT 6
Die fertige vorbereitende Form.

Froschform

An dieser klassischen Grundform lassen sich hervorragend zahlreiche Faltungen üben.

SCHRITT 1
Mit der Wasserbombenform von Seite 21 beginnen, die offene Seite liegt vorn. Die untere linke Ecke zur Spitze falten.

SCHRITT 2
Die obere linke Ecke nochmals zum Mittelbruch falten. Kräftig und akkurat falzen.

SCHRITT 3
Das Papier in die in Bild 1 gezeigte Position entfalten. Finger unter die erste Lage bringen, langsam anheben und mit Hilfe der bereits vorhandenen Falten vorsichtig und gleichmäßig zur Mittellinie hin eine zusammengeschobene Faltung durchführen.

SCHRITT 4
Wenn die Faltung halb durchgeführt ist, den unteren Flügel in Richtung Mitte auf die Horizontalfalte zu knicken, sodass sich die Seiten ...

SCHRITT 5
... zu einer Blumenform (siehe Vogelform, Seite 24) nach innen falten.

SCHRITT 6
Alle Falten sorgfältig glatt streichen. Alle Arbeitsschritte für die restlichen drei Ecken wiederholen.

SCHRITT 7
Die fertige Froschform.

Vogelform

Diese Grundform besteht aus einer Folge von Faltungen, durch die vier voneinander unabhängige Spitzen entstehen. Mit diesen Spitzen als Ausgangspunkte lassen sich zahlreiche Figuren gestalten.

SCHRITT 1

Man beginnt mit einer vorbereitenden Form, die man dreht, sodass die Spitze der gefalteten Ecke nach oben zeigt. Die linke untere Schicht zum Mittelbruch falten.

SCHRITT 2

Die rechte Seite genauso falten. Papier drehen und diese beiden Faltungen wiederholen.

SCHRITT 3

Papier drehen und den dreieckigen Flügel talfalten ...

SCHRITT 4

... und fest andrücken.

SCHRITT 5

Papier auf den Kopf drehen und die beiden oberen Flügel (Schritt 1 und 2) wieder entfalten.

SCHRITT 6

Die lose Spitze der oberen Schicht anheben, dabei die anderen Flügel festhalten ...

SCHRITT 7
... und Spitze nach oben ziehen, sodass sie an beiden Seiten flach wird.

SCHRITT 8
Beim Glattstreichen der Seiten zwei Falten vorsichtig umkehren.

SCHRITT 9
Alle Falten nachziehen. So sieht die Blütenform aus.

SCHRITT 10
Das Papier einmal drehen und den linken und rechten Flügel unter dem Dreiecksflügel hervorziehen.

SCHRITT 11
Den oberen Flügel hochziehen und flach drücken (siehe Schritt 6–9).

SCHRITT 12
Beide Papierseiten sind jetzt in Blumenform gefaltet. Nun die beiden oberen Flügel wieder nach unten falten.

SCHRITT 13
Die fertige Vogelform.

Windmühlenform

Diese Grundform unterscheidet sich insofern von den bisherigen, als sich an den Ecken dreieckige, in beide Richtungen bewegliche Flügel befinden. Auf diese Weise lassen sich mit minimalem Aufwand die unterschiedlichsten Figuren falten.

SCHRITT 1
Ein Quadrat einmal horizontal und einmal vertikal falten und entfalten. Rechte und linke Außenkante des Quadrats an den Mittelbruch falten.

SCHRITT 2
Das Papier zur Seite drehen und die untere Kante des Rechtecks an den waagerechten Mittelbruch falten.

SCHRITT 3
Das Papier drehen und die Faltung für die andere Kante wiederholen. Gut flach drücken.

SCHRITT 4
Papier um 90° drehen und die untere rechte Spitze an den vertikalen Mittelbruch falten. Mit den drei anderen Spitzen ebenso verfahren.

SCHRITT 5
Das gefaltete Papier so halten, dass zwei der Dreiecke vorne liegen (siehe oben), je eine Spitze zwischen Daumen und Zeigefinger nehmen und nach oben ziehen.

SCHRITT 6
Die äußeren Kanten vorsichtig nach außen ziehen, sodass das innenliegende Dreieck zum Zentrum des Quadrats gezogen wird.

SCHRITT 7
Die beiden Spitzen so lange seitlich weiterziehen, bis sie sich öffnen.

SCHRITT 8
Das Papier knickt sauber um, die beiden Flügel verlaufen nach unten und formen eine Spitze. Schritt 5 bis 8 für die andere Seite wiederholen.

SCHRITT 9
Die neu entstandenen Falten gut nachziehen.

SCHRITT 10
Die fertige Windmühlenform.

Stufe 2: **ÜBUNGSFIGUREN**

STERN

Die schon über 100 Jahre alte, vielseitig verwendbare Vogelform eignet sich als Grundform für die unterschiedlichsten Figuren wie z. B. Vögel, Schnecken und auch Menschen. Ebenso kann man daraus verschiedene Sterne falten. Erfahrene Origamikünstler falten auch dreidimensionale Sternformen, aber die meisten sind, wie die hier vorgestellten, flach. Das Erarbeiten dieses traditionellen Motivs ist eine optimale Übung für sauberes Falten und Falzen.

Beim Falten der zusammengeschobenen Form sollte man versuchen, der Papierstruktur entsprechend zu falten, statt es gewaltsam in Form zu falten. Sobald das Papier zu knittern beginnt, entfalten, glatt streichen und von vorn beginnen. Die Faltlinien für dieses Motiv finden sich auf einem der beiliegenden Übungsbögen.

Infobox!

Die Vogelform möglichst akkurat falten, damit die Spitzen des Sterns sauber zusammenlaufen.

SCHRITT 1

Die Vogelform – mit der farbigen Seite nach innen – bis Schritt 5 falten. Die untere Papierschicht flach auf dem Tisch halten, die obere anheben und so weit umlegen, dass sie flach auf dem Tisch liegt. Die beiden inneren Flügel der mittleren Lage zeigen jetzt nach oben.

SCHRITT 2

Mit dem Finger einen der inneren Flügel zusammenschieben ...

SCHRITT 3

... und an beiden Seiten gleichmäßig flach drücken. Auf der gegenüberliegenden Seite wiederholen.

WIEDERHOLUNG DER VOGELFORM

Mit der vorbereitenden Form beginnen. Nach Schritt 2 umdrehen und wiederholen. Schritt 5 mit dem Entfalten der beiden Flügel abschließen.

1

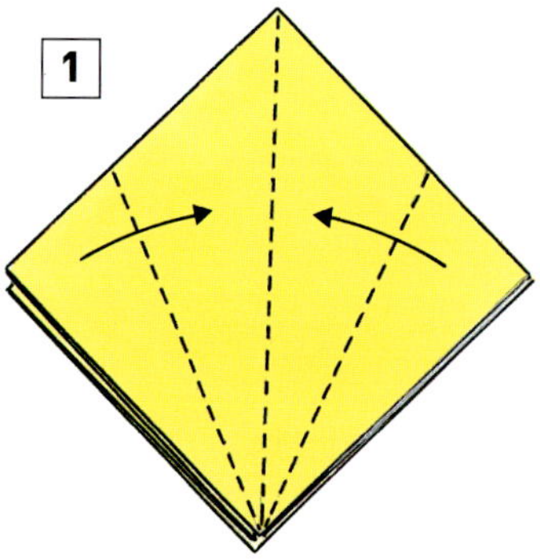

2

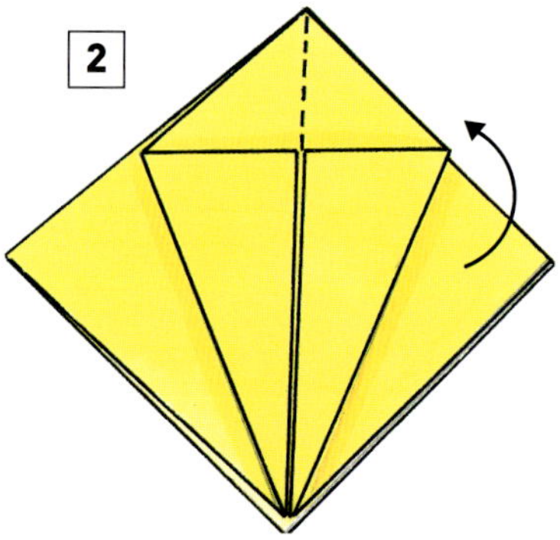

SCHRITT 4
Papier umdrehen und in die oben gezeigte Position bringen. Eine der glatten Ecken mit Hilfe eines bereits vorhandenen Knicks an die Diagonale falten.

SCHRITT 5
Die nebenliegende Ecke wird durch diese Faltung mitgenommen. Wenn man das Papier glatt streicht, entsteht so ein neuer zum Mittelpunkt verlaufender Knick.

SCHRITT 6
Die rechte Seite ebenso falten ...

SCHRITT 7
... und die Faltung für die beiden verbleibenden Kanten wiederholen. Papier wenden.

SCHRITT 8
Der fertige Stern.

3

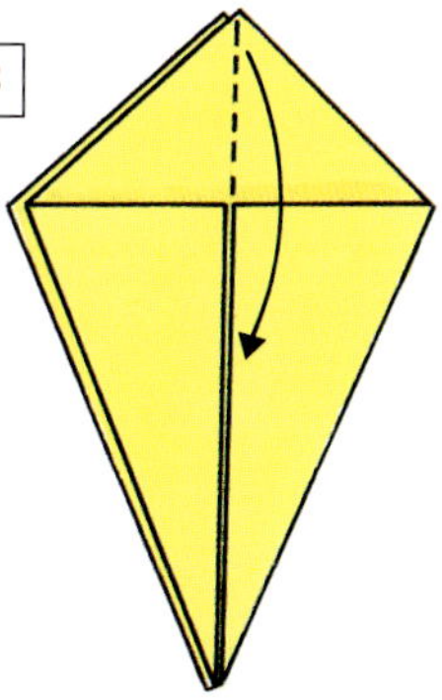

4

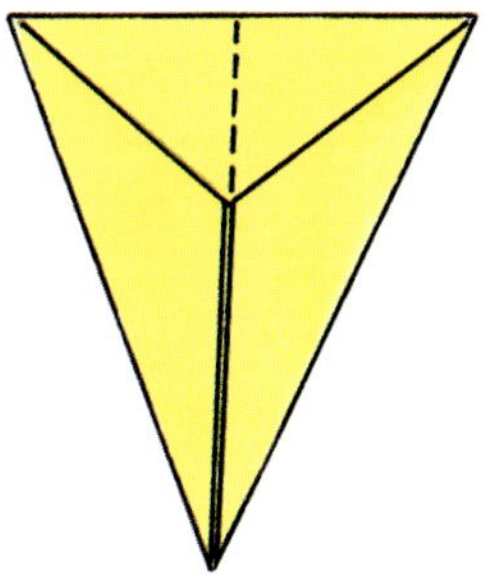

5

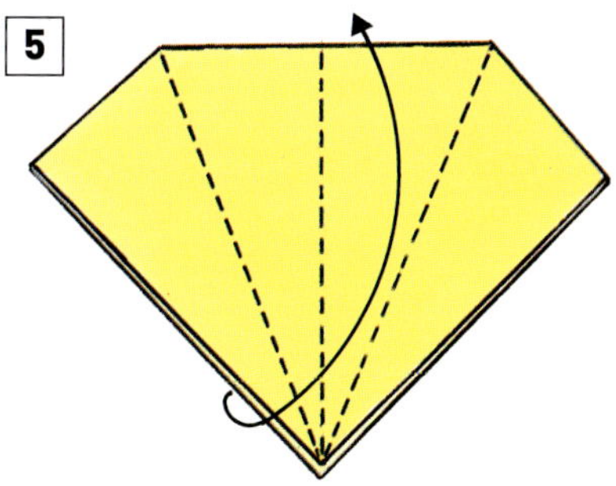

Stufe 2: **ÜBUNGSFIGUREN**

STERNENRING

Den hervorragenden Arbeiten des Origamikünstlers Tomoko Fuse ist es zu verdanken, dass das Interesse an Origamimodulen in den letzten Jahren immer stärker wird. Bei diesen Faltarbeiten werden aus je einem Blatt identische Module gefaltet, die dann zu auffälligen zwei- oder dreidimensionalen Figuren verbunden werden. Die Faltlinien für den Ring finden sich auf einem der beiliegenden Übungsbögen.

Die „Bausteine“ müssen akkurat gefaltet werden, damit das Motiv später nicht auseinander fällt. Mit ausgereifter Technik lassen sich aus farbigem Papier eine Vielzahl von Mustern kreieren.

SCHRITT 1

Man beginnt mit einem vertikal auf die Hälfte gefalteten Quadrat. Eine Ecke zum Mittelbruch falten (siehe kleines Bild). Diese Faltung für die entsprechende Ecke auf der anderen Seite des Mittelbruchs wiederholen. Das Quadrat an der bereits vorhandenen Falte halbieren.

SCHRITT 2

Eine kurze Kante so falten, dass sie direkt mit der zweiten abschließt. Kräftig nachziehen und bis zum Beginn von Schritt 2 entfalten.

SCHRITT 3

Die Ecke an den mit Schritt 2 entstandenen Falten nach innen gegenbruchfalten.

SCHRITT 4

Das Modul ist fertig. Sieben weitere Elemente falten.

WIEDERHOLUNG GEGENBRUCHFALTE NACH INNEN

Man beginnt mit einer Drachenform. Mit Schritt 5 sind alle erforderlichen Faltungen gemacht, die Falzrichtung muss jedoch noch „umgekehrt“ werden: Dazu das Papier an den Faltlinien vorsichtig zurückdrücken.

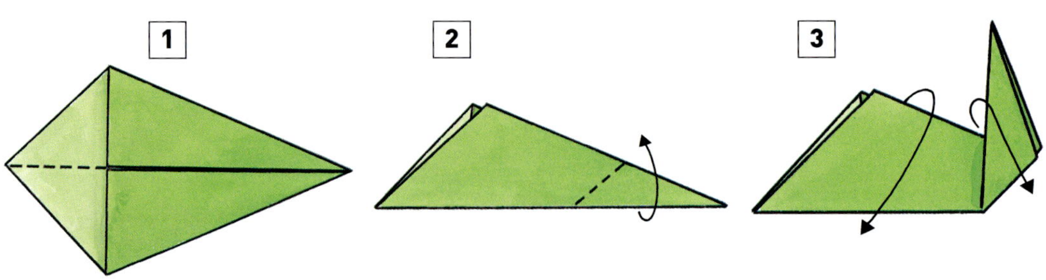

SCHRITT 5

Ein Element über das andere halten und das obere zwischen die beiden offenen Kanten des unteren stecken (siehe Bild).

SCHRITT 6

Festen Sitz überprüfen, dann einen kurzen vorstehenden Flügel nach hinten und in die „Tasche" des zweiten Elements ziehen.

SCHRITT 7

Das Gleiche mit dem vorstehenden hinteren Flügel wiederholen, dabei beide Elemente eng verbunden halten.

SCHRITT 8

Weitere Elemente anfügen und sicherstellen, dass alle fest miteinander verbunden sind. Das Einsetzen des letzten Moduls ist ein wenig schwierig, aber durchaus möglich.

Infobox!

Wenn das fertige Modell sehr zart ist, ist es umso wichtiger, während des Zusammenfügens der einzelnen Elemente für eine stabile Verbindung zu sorgen.

SCHRITT 9

Das Modell ist fertig. Man kann jetzt die Elemente entweder auseinander schieben, sodass man einen achteckigen Ring erhält, oder zu einem hübschen Stern zusammenschieben.

4

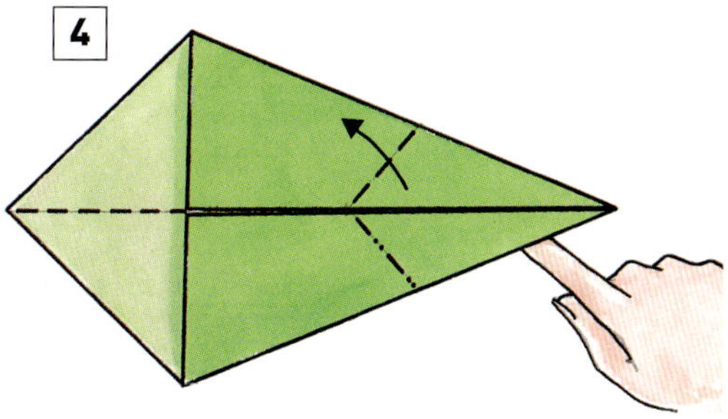

5

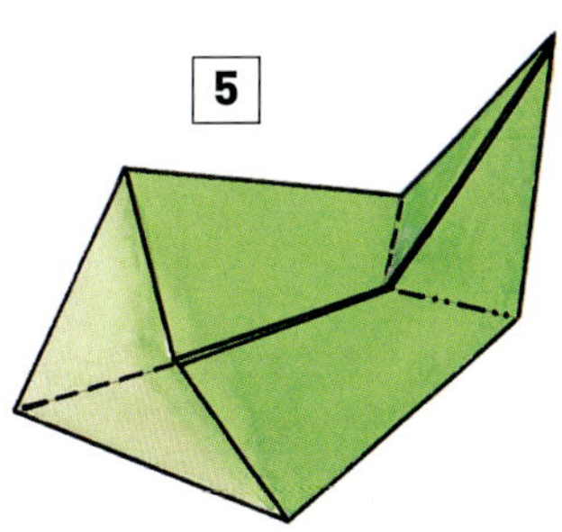

6

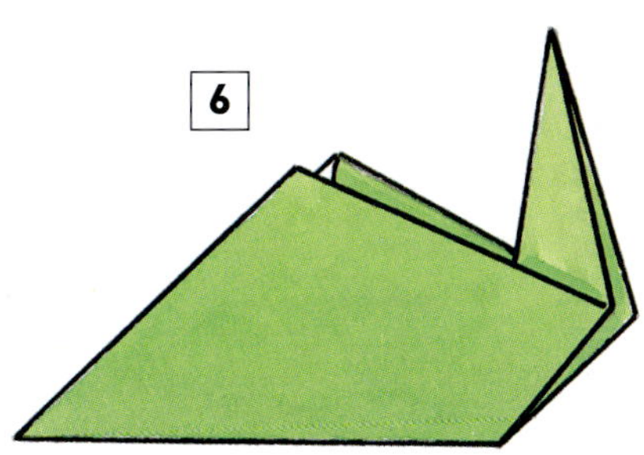

Stufe 3: **PROJEKT**

STERNFÖRMIGE DOSE

Origamikünstler kennen und machen die unterschiedlichsten Dosen und Schachteln, und sie erfinden immer noch neue Varianten. Natürlich sollten Schachteln und Dosen gut halten und praktisch nutzbar sein. Für das hier gezeigte elegante, zeitlose Modell verwendet man zusammengeschobene Falten. Wenn man Papier mit unterschiedlich gefärbten Seiten verwendet, sind Dose und Stern verschieden gefärbt. Das Öffnen der fertigen Dose ist der aufregende Höhepunkt dieser Faltsequenz.

SCHRITT 1

Man beginnt mit einer vorbereitenden Form, deren offene Spitze (wo die vier ursprünglichen Ecken zusammenkommen) nach unten und nach links zeigt. Einen nicht gefalteten Flügel zum Mittelbruch falten.

Infobox!

Beim Öffnen der Schale in Schritt 10 nach Möglichkeit die Falten so nachziehen, dass keine weiteren Knicke entstehen.

SCHRITT 2

Den Flügel wieder zurücknehmen und zusammengeschoben falten, dabei die Papierlagen gleichmäßig zu beiden Seiten hin glätten.

WIEDERHOLUNG DER VORBEREITENDEN FORM

Mit der Wasserbombenform beginnen und öffnen. Mit einem Finger von unten die Falten hochdrücken. Die Falten dort zusammendrücken, wo sie ein „+“ bilden und dann zu zwei Flügeln glatt streichen.

1

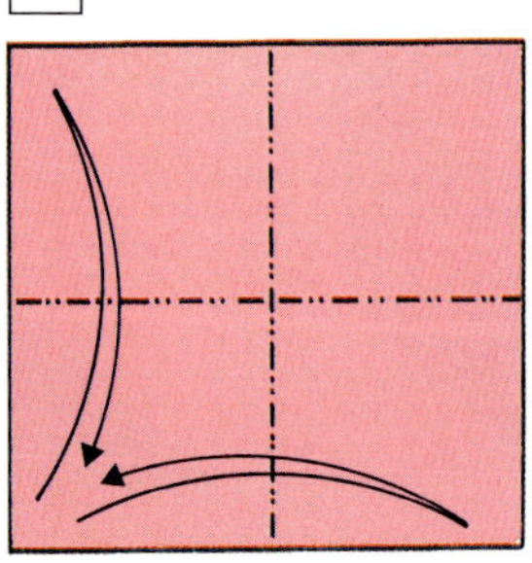

2

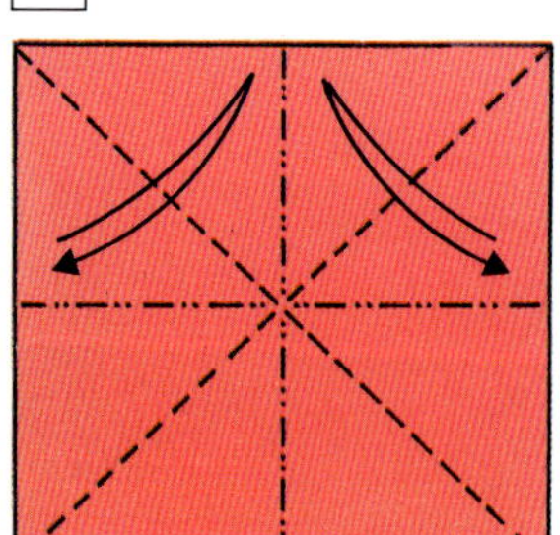

3

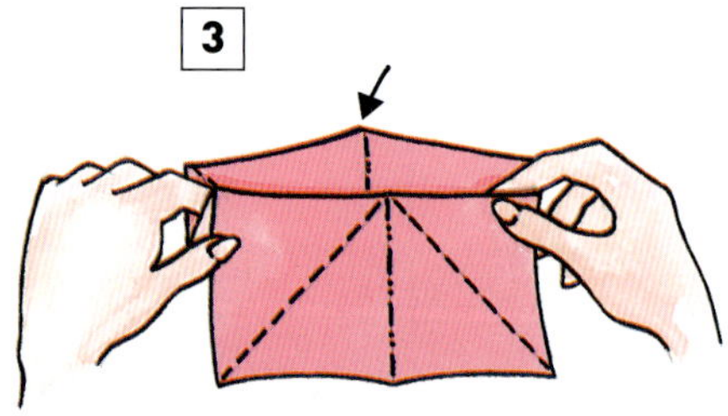

SCHRITT 3

Papier umdrehen und Faltung für den anderen Flügel wiederholen. Anschließend die beiden Flügel auf der gegenüberliegenden Seite genauso falten.

SCHRITT 4

Das Papier hochnehmen und die äußere Hälfte der Drachenform talfalten, dabei die Flügel nach innen stecken. Den Vorgang für die restlichen Flügel wiederholen.

SCHRITT 5

Die Grundfläche der beiden kleinen Dreiecke mit einer kräftigen Horizontalfalte verbinden.

SCHRITT 6

Entfalten und die obere Spitze soweit als möglich nach unten klappen. Auf der anderen Seite wiederholen.

4

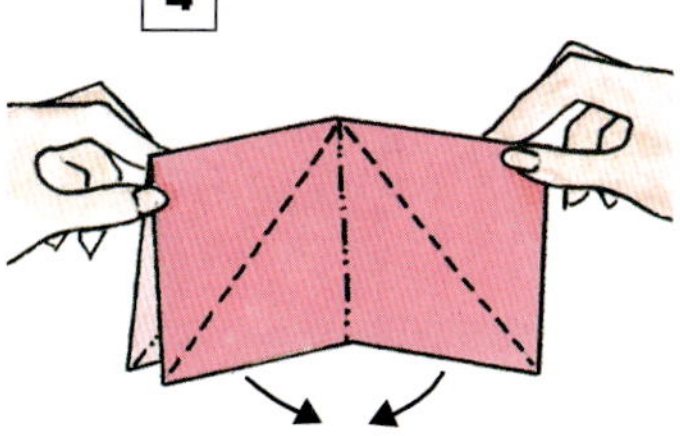

5

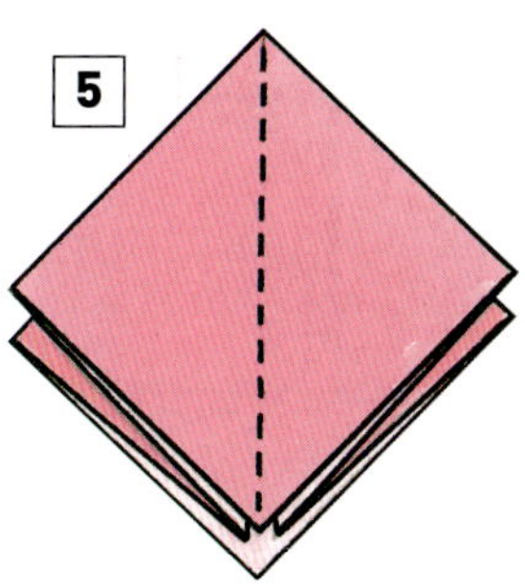

WIEDERHOLUNG BERGFALTE

1

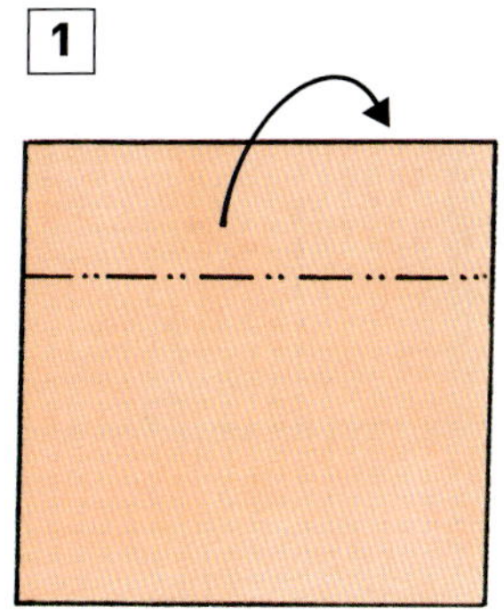

2

Stufe 3: **PROJEKT**

SCHRITT 7

Den linken Flügel nach rechts falten ...

SCHRITT 8

... und die obere Spitze soweit als möglich nach unten klappen.

SCHRITT 9

Den rechten Flügel nach links falten und Vorgang für die letzte Spitze wiederholen.

SCHRITT 10

Fast fertig! Das Papier umdrehen, einen Finger in die Öffnung stecken und den Boden der Dose langsam zu einem akkuraten Quadrat glatt streichen. Durch Zusammendrücken der Kanten das Papier glätten. Die Falten um den Boden herum nochmals nachfalzen und das Papier umdrehen. Fertig ist die sternförmige Dose.

WIEDERHOLUNG FALTE

Mit einem auf die Hälfte gefalteten Quadrat beginnen. Beide Papierlagen zum Mittelbruch falten, trennen und die Falte zusammendrücken. Darauf achten, dass die zusammengeschobene Falte genau am Mittelbruch liegt.

Stufe 2: **ÜBUNGSFIGUREN**

SCHWAN

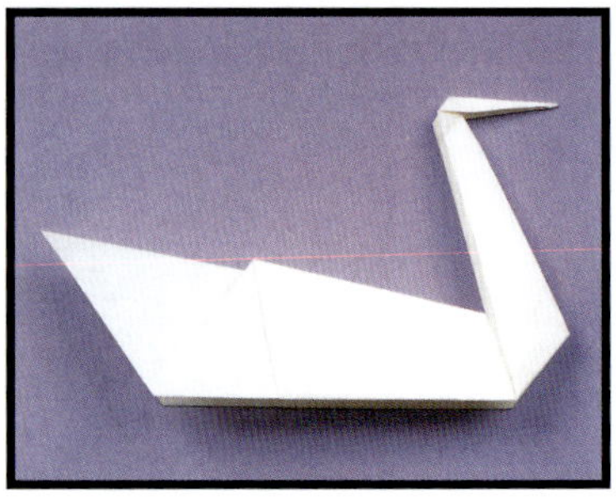

Die eleganten, fließenden Linien und das strahlende Weiß des Schwans inspirieren Papierfalter seit vielen Jahren zu immer neuen Variationen. Dieses bewährte, einfache Modell verwendet für Hals und Kopf zwei Gegenbruchfalten. Die Faltlinien für diese Figur finden sich auf einem der beiliegenden Übungsbögen. Man kann jedoch auch gut mit unterschiedlichen Proportionen experimentieren und dabei seine ganz eigene Figur kreieren.

SCHRITT 1

Ausgangspunkt ist eine auf dem Kopf stehende Drachenform. Eine lange Kante zum Mittelbruch falten.

SCHRITT 2

Papier drehen und Faltung für die andere lange Kante wiederholen.

SCHRITT 3

Die Figur am Mittelbruch bergfalten.

SCHRITT 4

Etwa von der Mitte der unteren Kante aus die Spitze im leichten Winkel nach oben knicken.

Infobox!

Beim Falten der Spitze sollte man sich immer besonders viel Zeit zum sorgfältigen Ausrichten des Papiers entlang der Bruchfalten lassen, damit man sich nicht letztendlich z. B. mit einem stumpfen Schnabel abfinden muss.

WIEDERHOLUNG DRACHENFORM

Diagonal in der Mitte vorfalten und zwei Nachbarkanten an diesen Knick anlegen und falten.

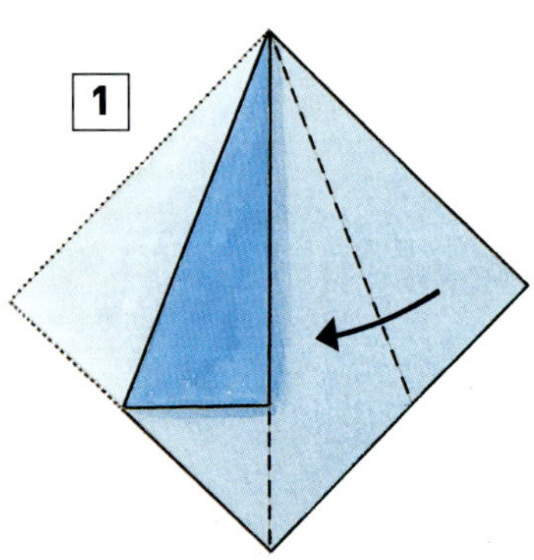

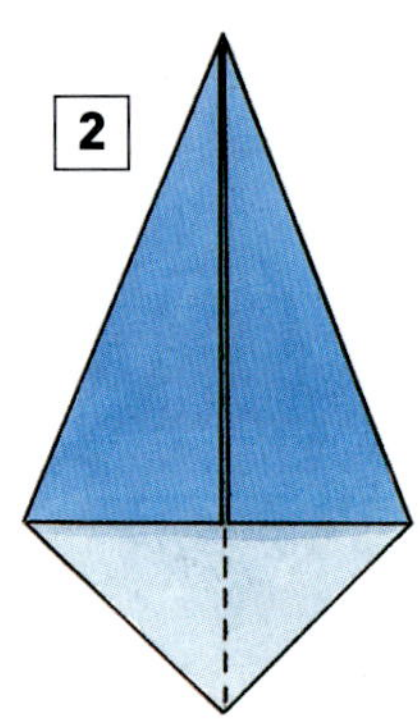

SCHRITT 5
Falte fest andrücken und entfalten. So entsteht der Hals.

SCHRITT 6
Die beiden unteren Papierlagen öffnen und die in Schritt 5 gemachten Falten nach außen gegenbruchfalten.

SCHRITT 7
Die Gegenbruchfalte kräftig nachziehen.

SCHRITT 8
Das obere Ende der Spitze nach vorn zu einem Schnabel falten, fest andrücken und entfalten.

SCHRITT 9
Die zuletzt gemachte Falte nach außen gegenbruchfalten.

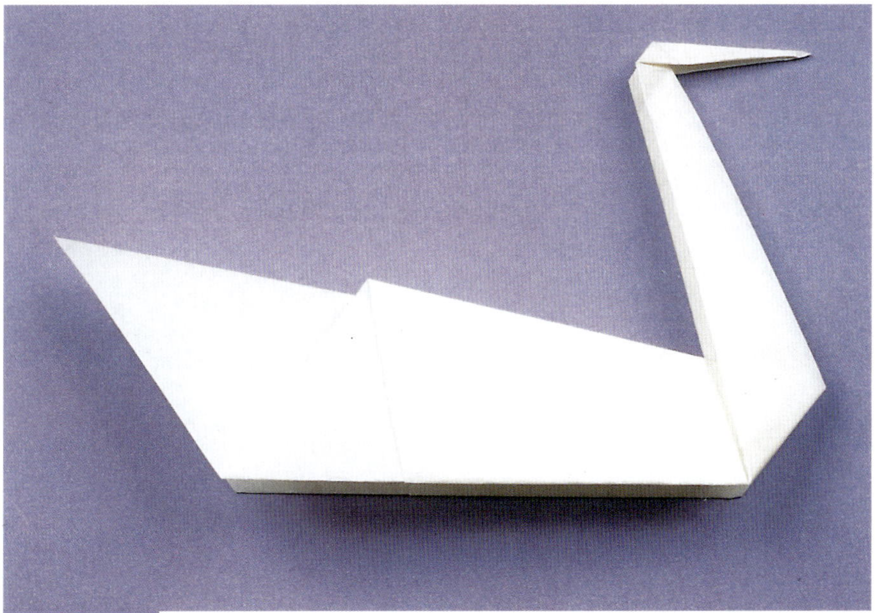

SCHRITT 10
Der fertige Schwan.

WIEDERHOLUNG GEGENBRUCHFALTE NACH AUSSEN

Mit einer auf die Hälfte gefalteten Drachenform beginnen. Wie abgebildet falten und entfalten. Zum Abschluss die entstandene Falte „umkehren".

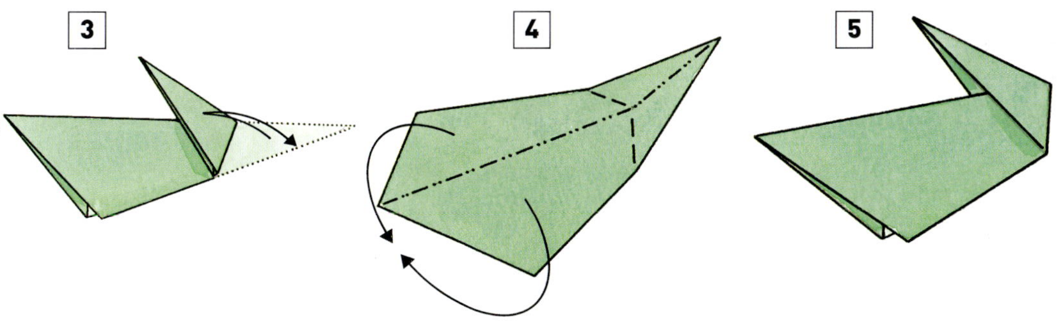

Stufe 2: **ÜBUNGSFIGUREN**

IRIS

Die Froschform lässt sich als Ausgangsform für einige klassische Figuren nutzen, so z. B. den Frosch selbst – aber von allen ist sicherlich diese Irisblüte die schönste und eleganteste. Die Grundform ist relativ kompliziert, weil sie kleiner ist als die meisten anderen. Man muss daher besonders sorgfältig falten. Mit Hilfe einer gängigen Papierrolltechnik kann man die Spitzen der Blütenblätter nach außen drehen.

Beim Falten von Blüten kann man hervorragend mit ausgefallen gemusterten Papieren experimentieren.

Infobox!

Nur akkurates Falten garantiert ein einwandfreies Ergebnis. Deshalb stets in aller Ruhe arbeiten. Am besten zunächst mit einem größeren Quadrat beginnen, dann langsam die Größe reduzieren.

SCHRITT 1

Ausgangsform ist die Froschform. Die farbige Seite liegt oben. Alle vier Flügel nach oben ziehen.

SCHRITT 2

Die untere Kante zum Mittelbruch falten und so die Seite verschmälern.

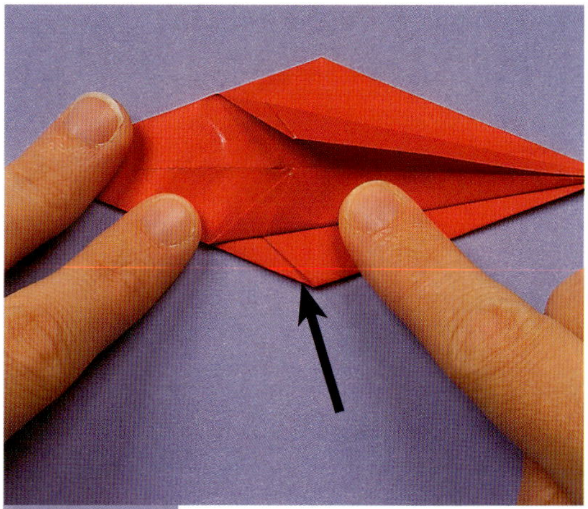

SCHRITT 3

Das Papier umdrehen und Schritt 2 für diese Kante wiederholen.

WIEDERHOLUNG FROSCHFORM

Mit einer Wasserbombenform beginnen, eine untere Ecke nach oben falten, nochmals zum Mittelbruch falten und entfalten. Den Flügel anheben, auf der Hälfte zusammengedrückt falten und in Blütenform bringen. An allen drei Ecken wiederholen.

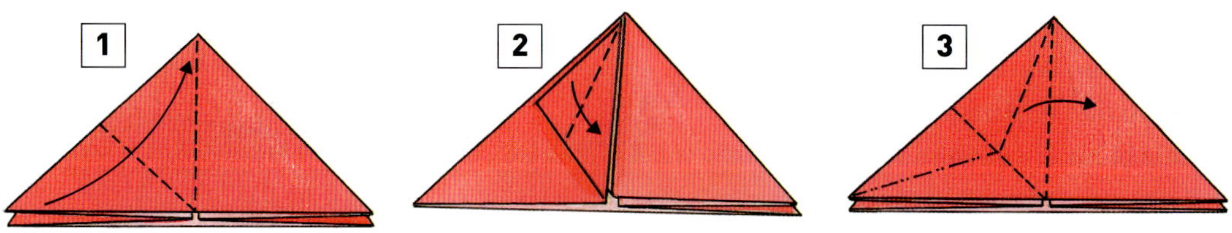

SCHRITT 4
Die letzten beiden Schritte für alle Flügel der Figur wiederholen.

SCHRITT 5
Den unteren Flügel möglichst weit nach unten falten und diesen Schritt für die restlichen Flügel wiederholen.

SCHRITT 6
Diese beiden Flügel vorsichtig auseinander ziehen.

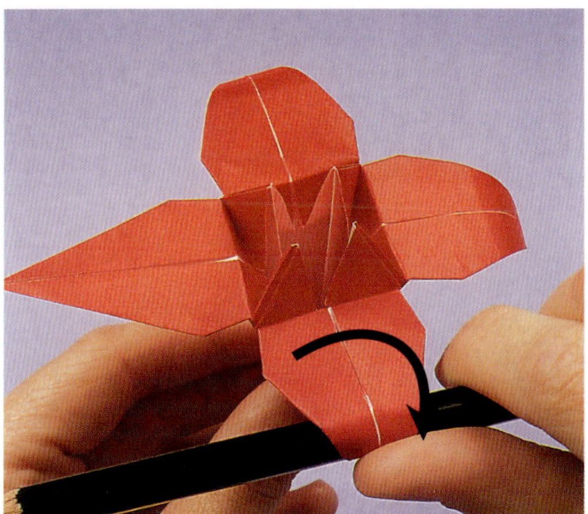

SCHRITT 7
Jedes einzelne Blütenblatt über einen Bleistift nach außen drehen.

SCHRITT 8
Die fertige Iris.

4

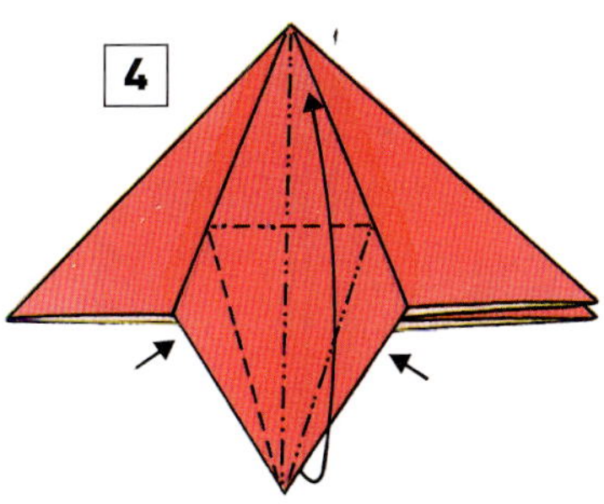

5

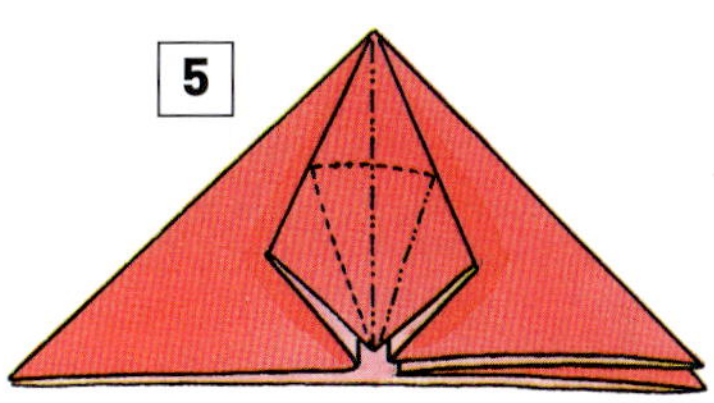

6

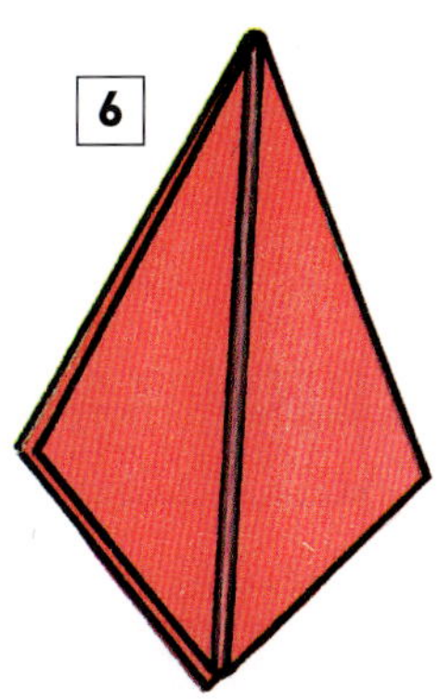

Stufe 3: **PROJEKT**

SCHMETTERLING

Schmetterlinge sind ein weiteres beliebtes Motiv für Origamikünstler. Die aus kleinen, leuchtend gefärbten Papierquadraten entstandenen Kunstwerke wirken fast lebendig. Wenn man diese zierlichen, federleichten Schönheiten nicht mit leichter Hand faltet, wirken sie plump und schwerfällig. Die Windmühlenform, aus der der Schmetterling entsteht, lässt sich auch für viele andere Motive verwenden.

Durch das Ausrichten der Windmühlenflügel in verschiedene Richtungen findet man leicht andere im Charakter des Papiers „versteckte" Ideen für eigene Motive.

SCHRITT 1

Ausgangspunkt ist die Windmühlenform. Die obere Papierhälfte nach hinten bergfalten.

SCHRITT 2

Einen Flügel nach unten klappen.

Infobox!

Beim Falten des Körpers (Schritt 9) muss der Schmetterling in festem Kontakt mit der Auflagefläche bleiben.

WIEDERHOLUNG WINDMÜHLENFORM

Mit einer entfalteten vorbereitenden Form beginnen. Bis Schritt 5 den nebenstehenden einfachen Faltanleitungen folgen. An den dreieckigen Flügeln ziehen, bis das Papier glatt wird und sich an jeder Seite eine Spitze bildet.

1

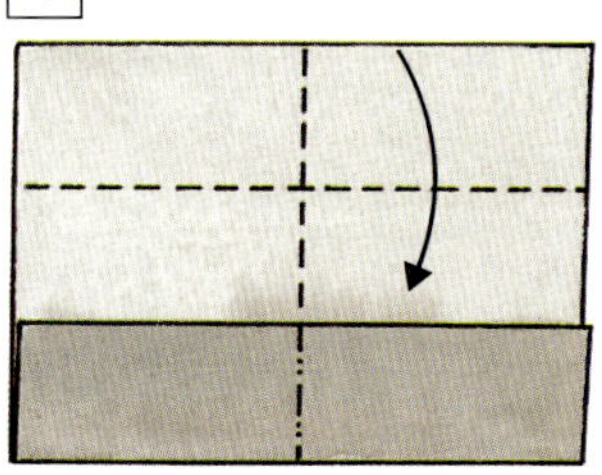

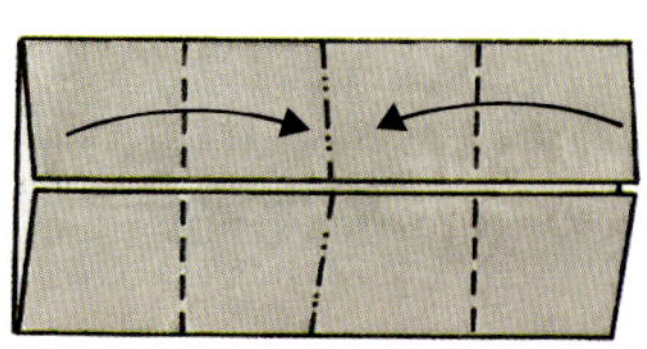

2

3

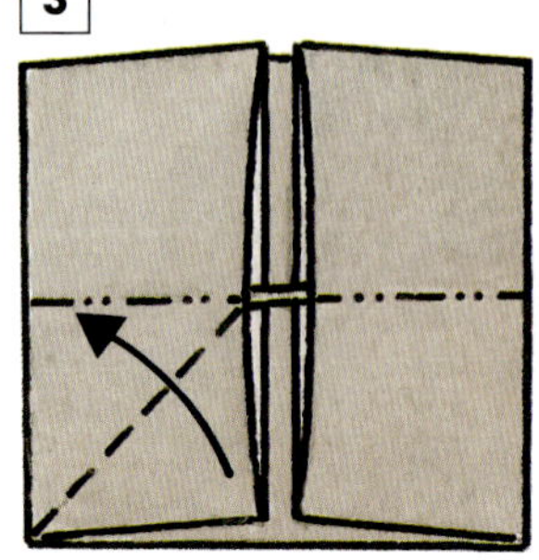

SCHRITT 3

Faltung für den anderen Flügel wiederholen.

SCHRITT 4

Zum Verschmälern des unteren Schmetterlingsflügels eine Ecke nach innen falten.

SCHRITT 5

Auf der anderen Seite wiederholen.

SCHRITT 6

Die oberen Flügel genauso formen.

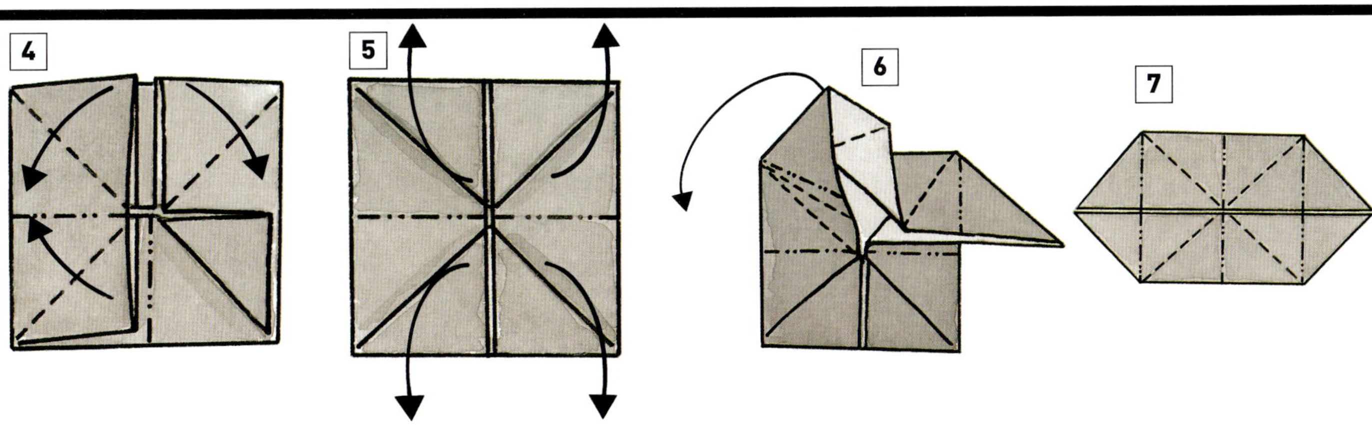

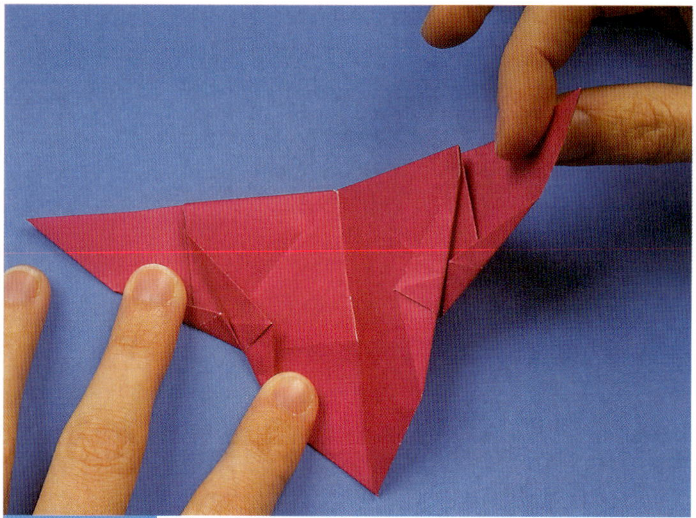

SCHRITT 7
Die Figur von rechts nach links auf die Hälfte talfalten.

SCHRITT 8
Danach den oberen Schmetterlingsflügel in leichtem Winkel zurück talfalten.

SCHRITT 9
Falten fest andrücken und das Papier umdrehen.

SCHRITT 10
Den mittleren Papierflügel zum Verstärken nach rechts klappen und dann mit der Spitze nach oben stehen lassen.

WIEDERHOLUNG TALFALTE

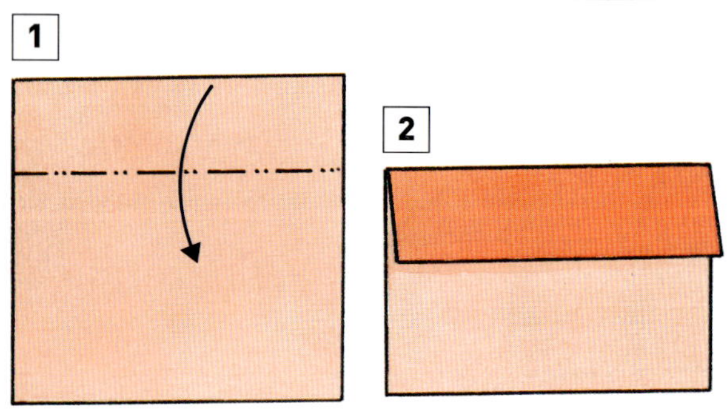

WIEDERHOLUNG BERGFALTE

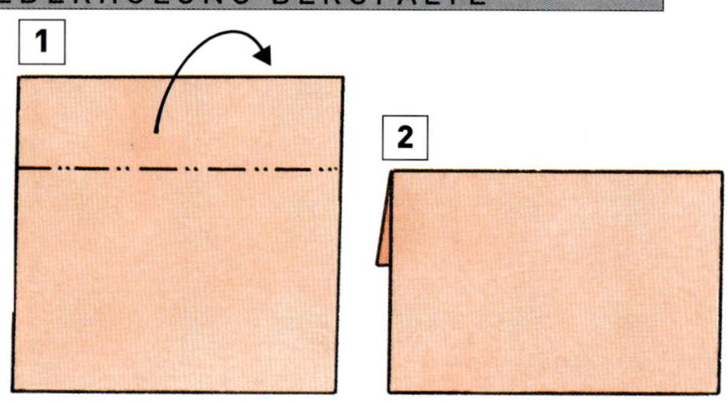

Stufe 2: ÜBUNGSFIGUREN

BRIEFTASCHE

Origami eignet sich hervorragend zum Gestalten kleiner, praktischer Gegenstände. Hier zeigen wir eine kleine Brieftasche, in der man Geld, Photos oder – wenn man ein entsprechend kleines Modell faltet – sogar Briefmarken aufbewahren kann. Es empfiehlt sich, mit haltbarem, reißfestem Papier zu arbeiten, dann hat man viele Monate Freude an seinem Kunstwerk. Natürlich ist die Brieftasche auch bestens zum Verschenken geeignet. Die Faltlinien für dieses Motiv finden sich auf einem der beiliegenden Übungsbögen.

SCHRITT 1

Ausgangspunkt ist eine wieder zum Quadrat entfaltete Windmühlenform. Eine Ecke zum Schnittpunkt dreier Falten talfalten.

SCHRITT 2

Die Hälfte der unteren glatten Kante an die 45° Falte falten (kleines Bild), dann die ganze Ecke an dieser Falte einklappen (großes Bild).

SCHRITT 3

Das Papier nach links drehen und alle Schritte für die andere Ecke wiederholen.

INFOBOX!

Beim Einstecken des letzten Flügels (Schritt 8) das Papier in die Tasche „rollen" lassen. Nicht mit Gewalt einbringen.

WIEDERHOLUNG WINDMÜHLENFORM

Start ist die zum Quadrat entfaltete vorbereitende Form. Bis Schritt 5 gemäß den Faltanleitungen; dann die dreieckigen Flügel an einem Ende ziehen, bis sich eine glatt gezogene Spitze bildet. Auf der anderen Seite genauso verfahren.

1

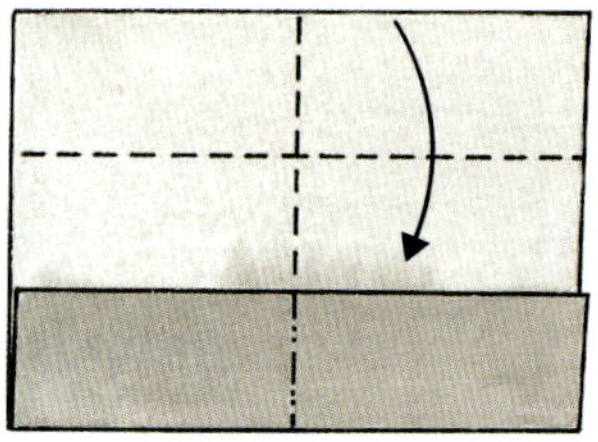

2

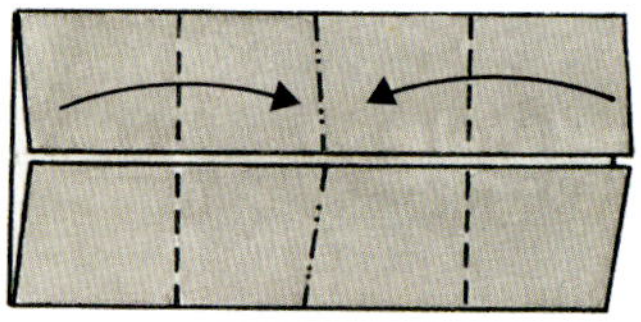

3

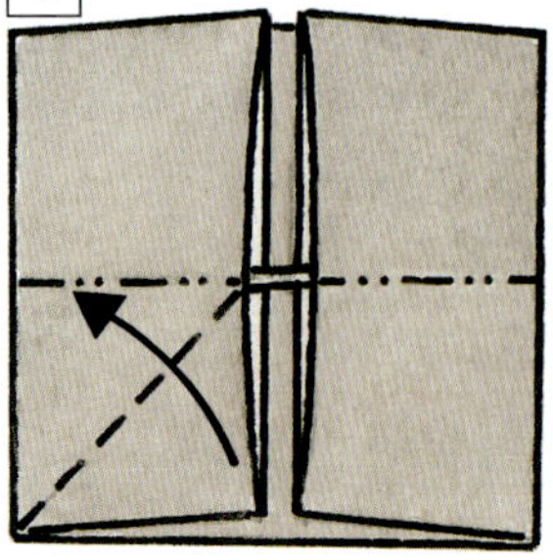

SCHRITT 4
Das Papier umdrehen. Die lange glatte Kante zum Mittelbruch falten.

SCHRITT 5
Beide kurzen Seiten zum Mittelbruch falten.

SCHRITT 6
Das Papier – mit der Spitze nach oben – wieder umdrehen. An einer vorhandenen Falte den unteren Teil nach oben talfalten.

SCHRITT 7
Das Papier wieder umdrehen und die Ecke sorgfältig in die in Schritt 6 entstandene Tasche schieben.

SCHRITT 8
Modell am Mittelbruch auf die Hälfte bergfalten.

SCHRITT 9
Die fertige Brieftasche.

4

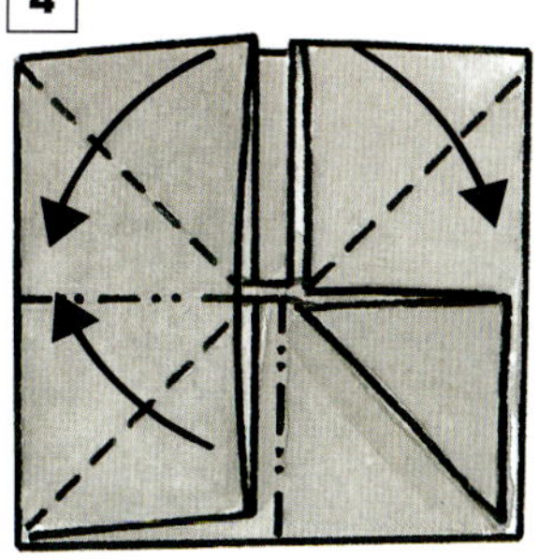

5

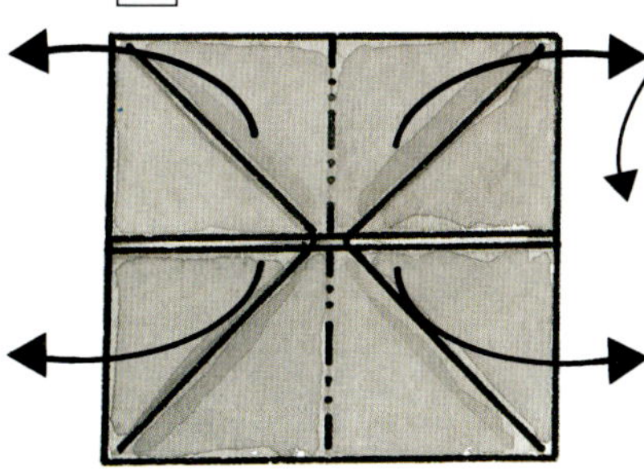

6

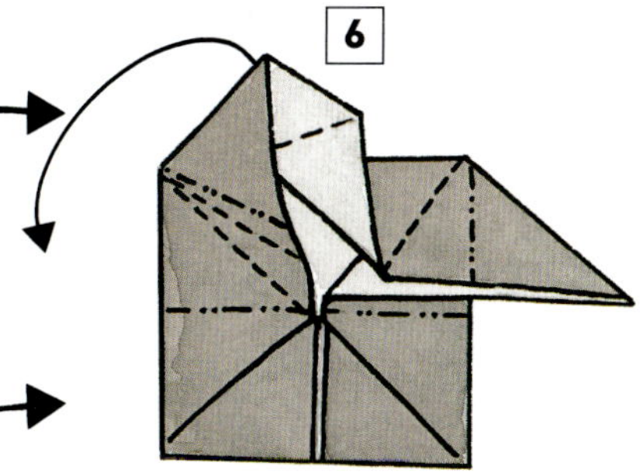

7

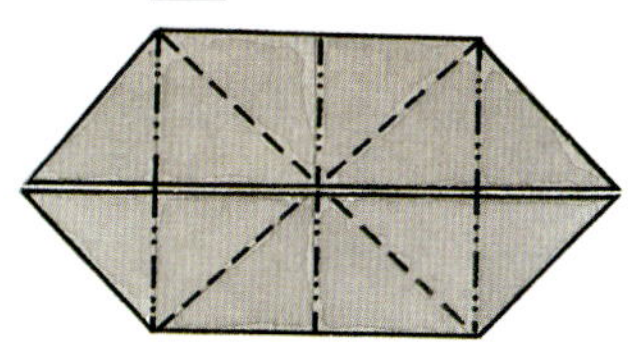

Stufe 2: **ÜBUNGSFIGUREN**

HERZ

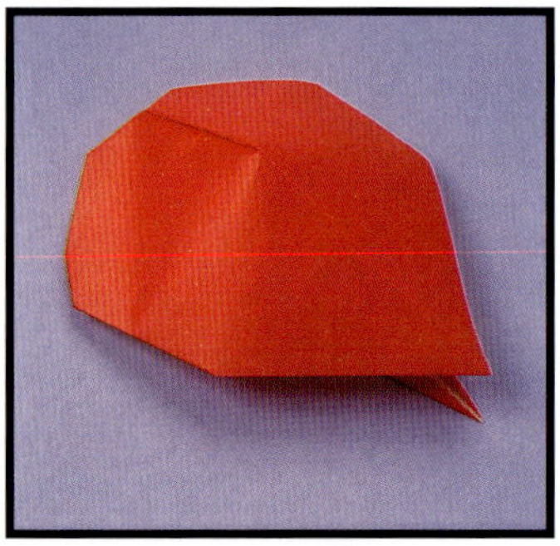

Francis Ow, ein Origamikünstler aus Singapur, hat mehrere Bücher geschrieben, die sich ausschließlich mit Origami-Herzen beschäftigen. Unser Modell wirkt dreidimensional und hat außerdem den praktischen Vorteil, dass man es – z. B. in der Brusttasche von Hemd oder Anzug – bei sich tragen kann.

Die Technik, die diese Herzform möglich macht, ist der so genannte „Schmetterlingsverschluss", eine elegante, bei der Fertigung dreidimensionaler Figuren häufig verwendete Lösung.

SCHRITT 1
Ausgangspunkt ist die Drachenform. Die farbige Seite ist außen. Die untere Spitze zur oberen falten.

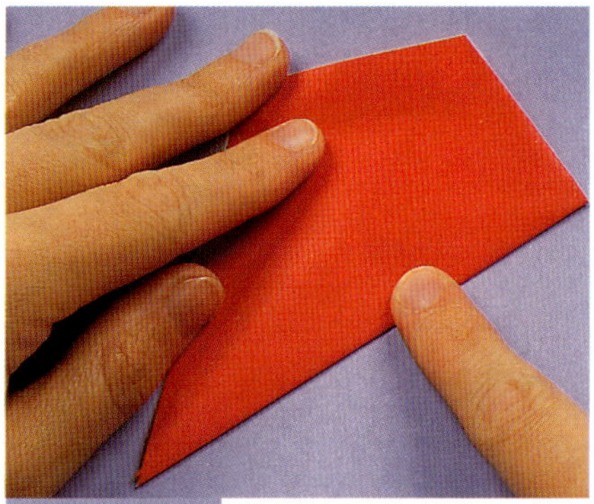

SCHRITT 2
Das Papier um 90° nach links drehen und nach vorn auf die Hälfte talfalten.

SCHRITT 3
Eine kleine Spitze der rechtwinkligen Ecke einfalten. Kräftig falzen, das Papier hat mehrere Lagen.

SCHRITT 4
Die Drachenform entfalten und beginnen. Mit Hilfe der beiden unteren Hälften der rautenförmigen Falten ein Hasenohr falten. Das Papier liegt dabei nicht auf.

INFOBOX!

Viele der hier gezeigten Faltschritte sind dreidimensional und müssen in der Hand gefaltet werden: Ein Blick auf das nächste Bild klärt oft, was die Faltung bezwecken soll.

WIEDERHOLUNG HASENOHRFALTE

Bis Schritt 6 den einfachen Faltanleitungen folgen, dann die Spitze nach vorn ziehen und das Papier anheben, sodass eine vertikale Spitze entsteht. Die Spitze zu einer Seite hin glatt streichen.

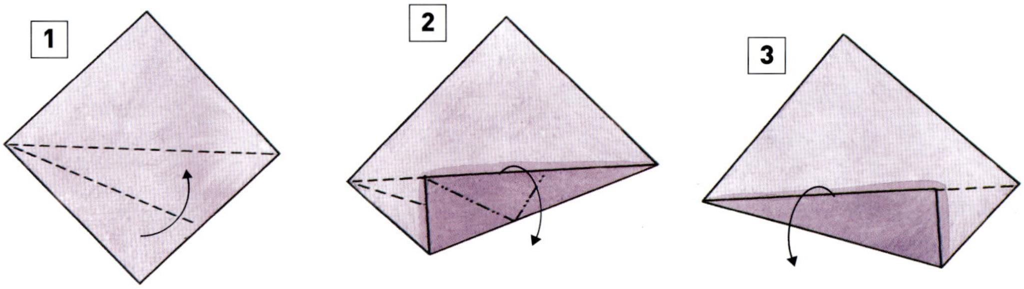

SCHRITT 5

Die Spitze des fertigen Hasenohrs nach vorn ziehen.

SCHRITT 6

Die Mitte der (halben) Rautenform eindrücken, während man die spitze Ecke an der in Schritt 1 entstandenen Falte nach innen zieht.

SCHRITT 7

Das Papier erhält so automatisch die oben gezeigte Form. Die Spitzen der äußeren Ecken durch leichtes Einfalten abflachen, ...

SCHRITT 8

... ebenso wie die oberen Ecken.

SCHRITT 9

Das Papier umdrehen. So sieht das fertige Herz aus.

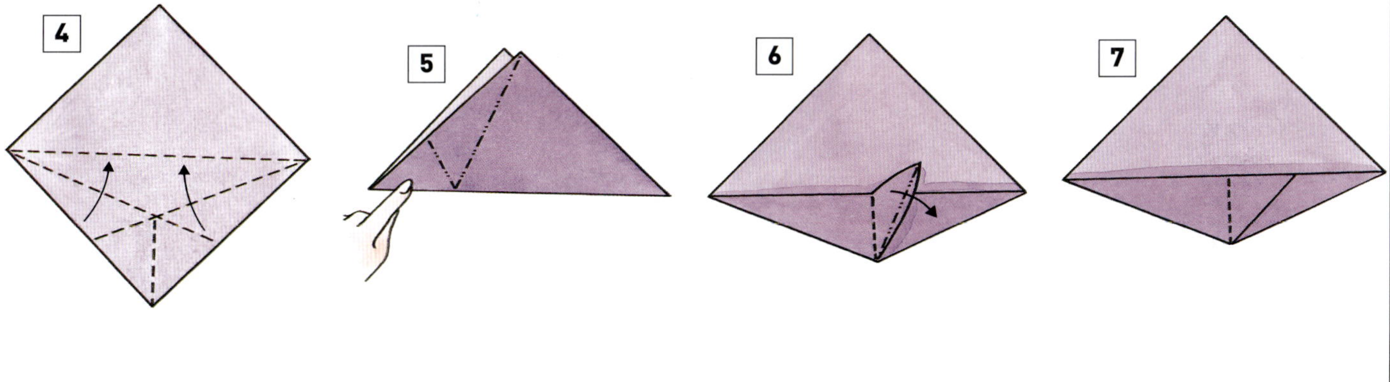

Stufe 3: **PROJEKT**

KNOPFLOCHBLUME

Dieses bekannte Modell ist ein Klassiker – schlicht, schön und elegant. Viele Papierfalter sind überzeugt, dass es schwieriger ist, einem Gegenstand mit einfachen Faltungen Form zu geben, als eine komplexere Figur mit vielen Details zu schaffen. Die Knopflochblume ist ein gutes Beispiel für „Überraschungsfaltungen", bei denen die eigentliche Figur erst mit der letzten Faltung erkennbar wird.

Optimal ist hier ein Papier, dass auf der einen Seite grün, auf der anderen in einer leuchtenden Farbe getönt ist. Sprühkleber ist ideal zum Zusammenkleben zweier Papierbögen, sollte aber immer nur in gut belüfteten Räumen verwendet werden.

SCHRITT 1

Ausgangspunkt ist die vorbereitende Form. Die Farbe der Blütenblätter liegt innen. Die Form so drehen, dass die offenen Spitzen nach oben zeigen. Eine der Seiten an den vertikalen Mittelbruch falten.

SCHRITT 2

Für den danebenliegenden Flügel wiederholen.

WIEDERHOLUNG DER VORBEREITENDEN FORM

Mit der Wasserbombenform beginnen und entfalten. Einen Finger unter das Papier schieben, die Falten hochdrücken, dort zusammendrücken, wo sie ein „+" bilden und dann zu zwei Flügeln glatt streichen.

1

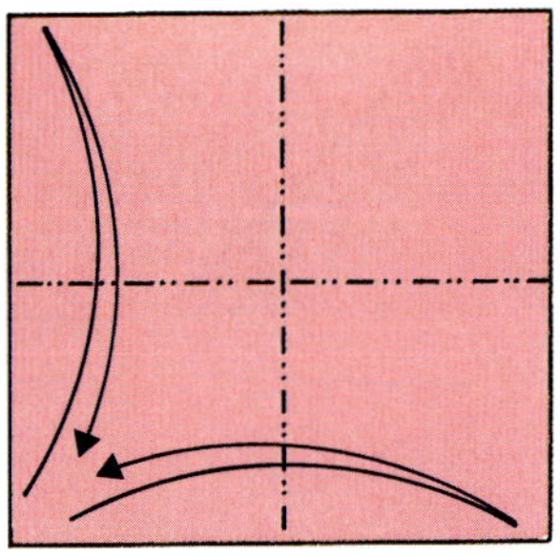

2

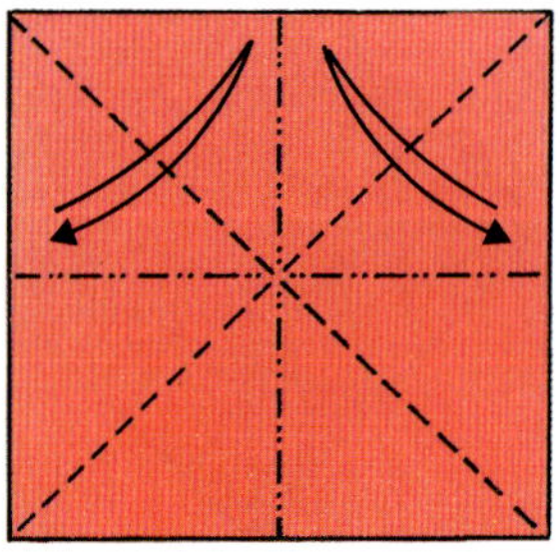

SCHRITT 3

Das Papier umdrehen und die Flügel entsprechend falten.

SCHRITT 4

Das ganze Modell vorsichtig am Mittelbruch auf die Hälfte falten.

INFOBOX!

Wenn man sich zum ersten Mal an diese Figur wagt, kann man mit Vorfalten für die Gegenbruchfalte arbeiten. Sobald man die nötige Übung hat, sollte man jedoch versuchen, den Gegenbruch – wie in Schritt 5 angegeben – direkt auszuführen.

SCHRITT 5

Das Papier so drehen, dass die längste Spitze oben liegt. In die Hand nehmen, die schmale Spitze nach unten ziehen und so das Papier direkt nach innen gegenbruchfalten. Bei dickem Papier erarbeitet man diese Faltung ohne vorzu-falten (zur Orientierung siehe nächste Abbildung).

3

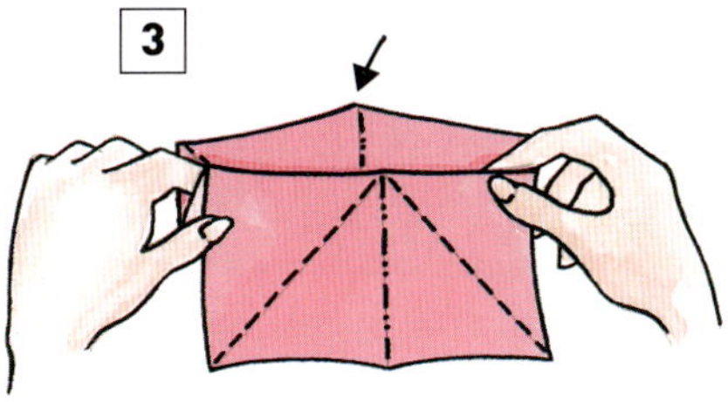

4

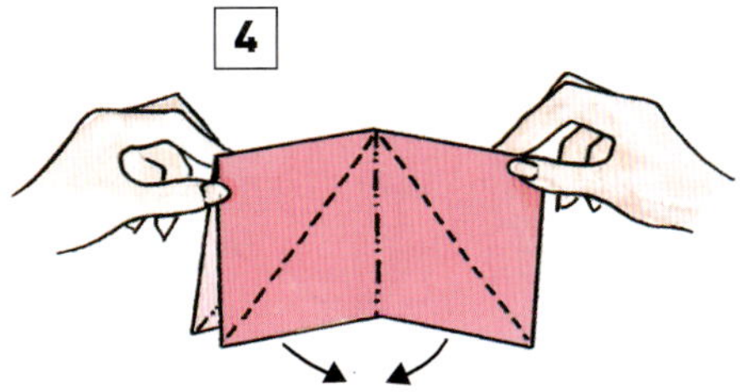

5

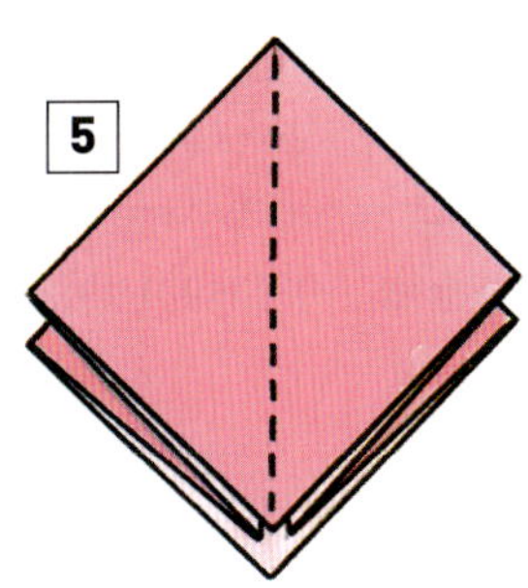

SCHRITT 6

Die fertige Gegenbruchfalte kräftig falzen.

SCHRITT 7

Das Papier lose in der Hand halten und langsam die Ecke des obersten Dreieckflügels zurückziehen.

SCHRITT 8

Hierdurch öffnen sich die vier Blütenblätter automatisch. Die Gegenbruchfalte nochmals nachfalzen.

WIEDERHOLUNG GEGENBRUCHFALTE NACH INNEN

Hier sind nur die letzten beiden Faltschritte gezeigt. Das Papier an der Falte vorsichtig zurückfalten, um die Faltung „umzukehren".

1

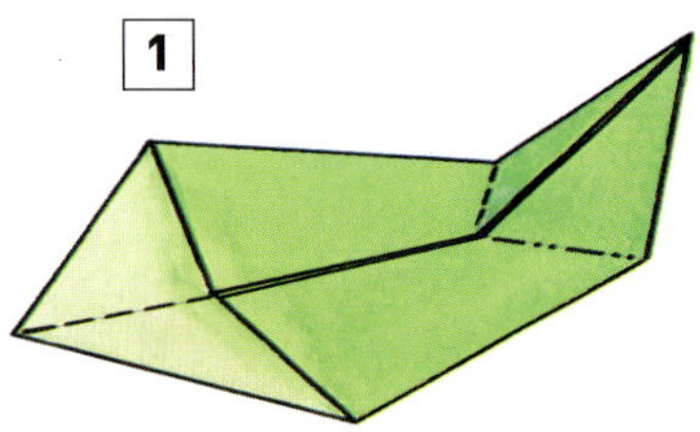

2

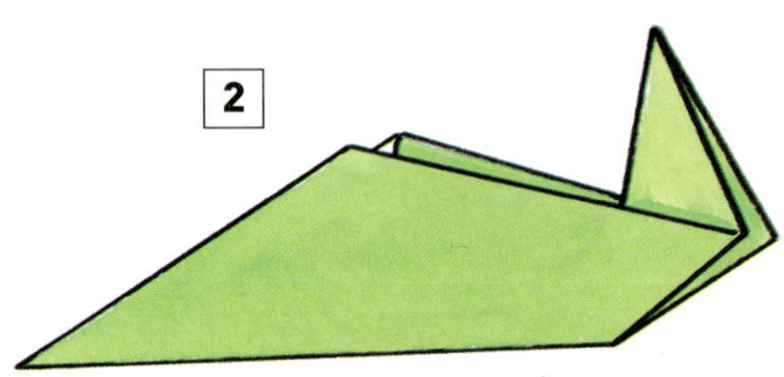

Stufe 2: **ÜBUNGSFIGUREN**

KARPFEN

In Japan ist der Karpfen das Symbol für Ehrgeiz und Stehvermögen. Am Tag der Kinder (5. Mai) basteln die Kinder Papierbänder aus dieser einfachen Figur. Der Karpfen ist eine von vielen möglichen, einfachen Figuren, die – wen wundert's – auf der Fischform basieren. Es gibt bis ins Detail sehr aufwendig gearbeitete Origamifische, aber der Karpfen ist ein einfaches und dennoch hübsches Modell. Die Faltlinien für dieses Motiv finden sich auf einem der beiliegenden Übungsbögen.

Man kann den Karpfen natürlich auch als Ausgangsform für eigene Fischmotive verwenden.

SCHRITT 1
Ausgangspunkt ist die Fischform. Den oberen Flügel anheben und das Papier zu einer Raute glatt streichen.

SCHRITT 2
Die Raute am Mittelbruch auf die Hälfte falten.

SCHRITT 3
Die rechte Spitze an die obere Ecke legen. Fest andrücken und entfalten.

INFOBOX!

Je fester man die Vorfalten falzt, desto einfacher werden die Gegenbruchfalten.

WIEDERHOLUNG FISCHFORM

Mit einer umgedrehten Drachenform beginnen. Die Spitze zum gegenüberliegenden Ende falten, falzen und umdrehen. Die Taschen öffnen und zur Mitte gefaltete Ecken akkurat anordnen.

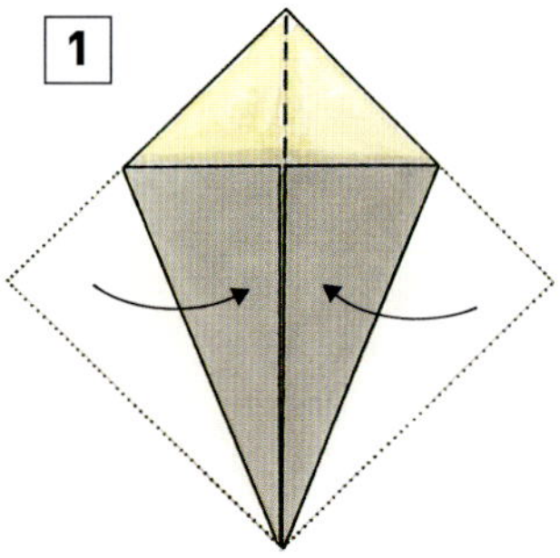

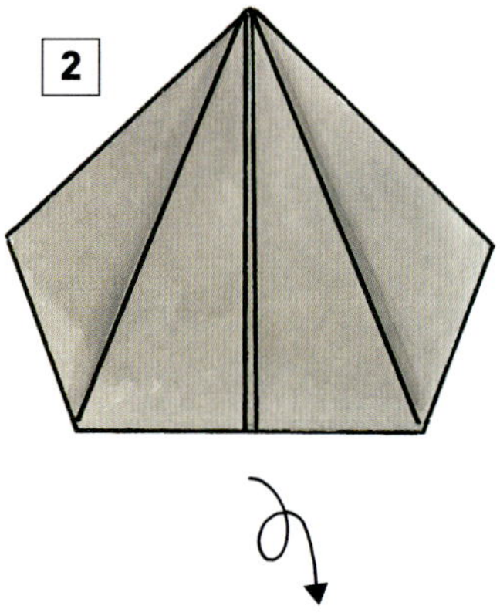

SCHRITT 4
Die gleiche Falte nach innen gegenbruchfalten.

SCHRITT 5
So entstehen zwei kleine dreieckige Flügel, die beide leicht über die vertikale Markierung hinweg gefaltet werden.

SCHRITT 6
Die Schwanzspitze im leichten Winkel nach oben falten, falzen und entfalten.

SCHRITT 7
Mit einer Gegenbruchfalte nach innen den Schwanz falten.

SCHRITT 8
Der fertige Karpfen.

3

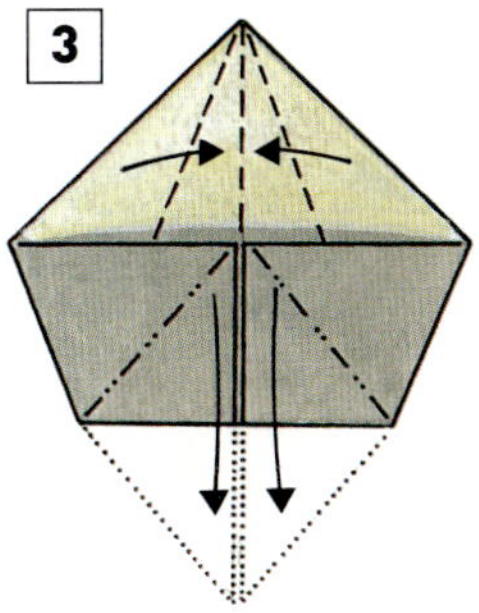

4

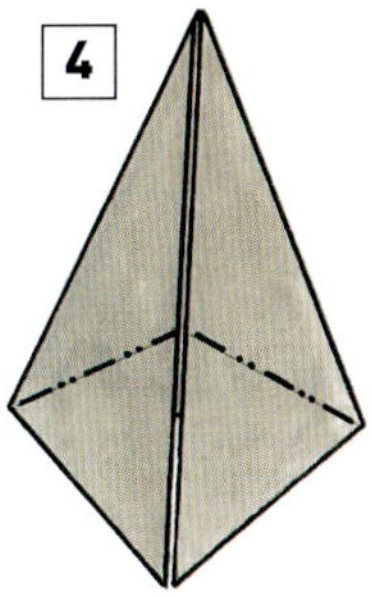

Stufe 2: **ÜBUNGSFIGUREN**

PAJARITA

Der Pajarita (Spanisch für: kleiner Vogel) ist in Spanien seit vielen Jahren eine Symbolfigur. Man findet sie auf Flugzeugen, Salzstreuern und sogar auf Schokoladentafeln. In der Origamikunst gehört dieses Motiv zu den vielen Figuren, die auf der Windmühlenform basieren. Die Gegenbruchfalte nach außen, mit der man den Kopf erarbeitet, ist auch als „Farbwechsel" bekannt, weil dadurch die andere Seite des Papiers sichtbar wird.

Nach Fertigstellung des Pajarita sollte man das Modell wieder entfalten und sich nochmals ausgiebig mit dem Faltmuster beschäftigen. So lernt man den Sinn jeder einzelnen Falte für das Endergebnis verstehen. Derartige Faltmusteranalysen sind später für eigene Kreationen sehr hilfreich.

SCHRITT 1
Ausgangspunkt ist die Windmühlenform. Die obere linke Ecke nach oben falten.

SCHRITT 2
Das Modell auf die Hälfte bergfalten, indem man die obere rechte Ecke nach hinten zur unteren linken Ecke und gleichzeitig die in Schritt 2 gefaltete obere linke Ecke nach oben zieht.

SCHRITT 3
So sieht das Ergebnis aus.

WIEDERHOLUNG WINDMÜHLENFORM

Mit einer entfalteten vorbereitenden Form beginnen. Bis Schritt 5 den einfachen Faltanleitungen folgen. Das Papier an den dreieckigen Flügeln glatt ziehen, sodass sich an beiden Seiten eine Spitze bildet.

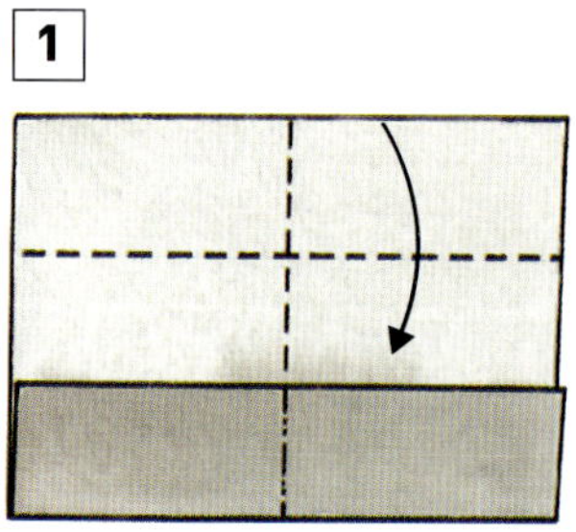

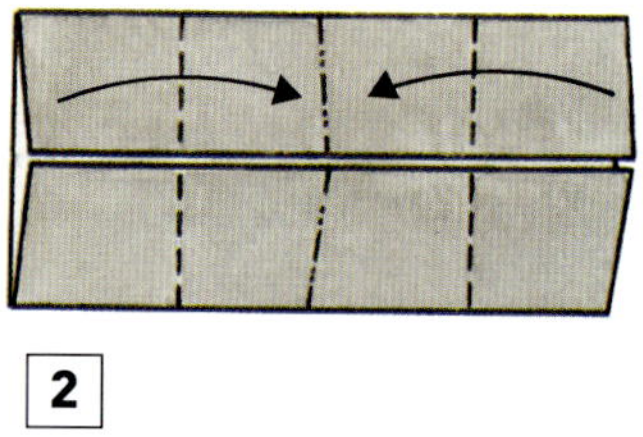

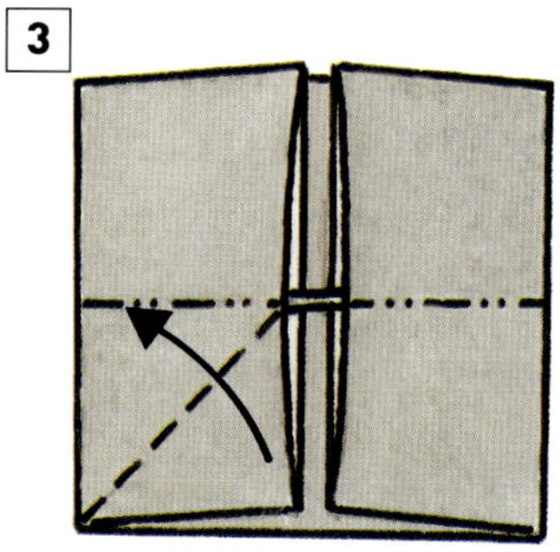

SCHRITT 4
Vorsichtig damit beginnen, die Papierschichten in der oberen Ecke zu trennen, ...

SCHRITT 5
... und die Ecke mit einer Gegenbruchfalte nach außen umkehren.

SCHRITT 6
Den jetzt farblich veränderten Kopfbereich glatt streichen.

SCHRITT 7
Die beiden vorderen „Flügel" leicht auseinander drücken, um die Figur zum Stehen zu bringen. Der Pajarita ist fertig.

INFOBOX!

Bei der Gestaltung des Kopfes (Schritt 5) das Papier weitmöglichst öffnen. Wenn man vorher die Falten gut gefalzt hat, lässt es sich leicht wieder in Form falten.

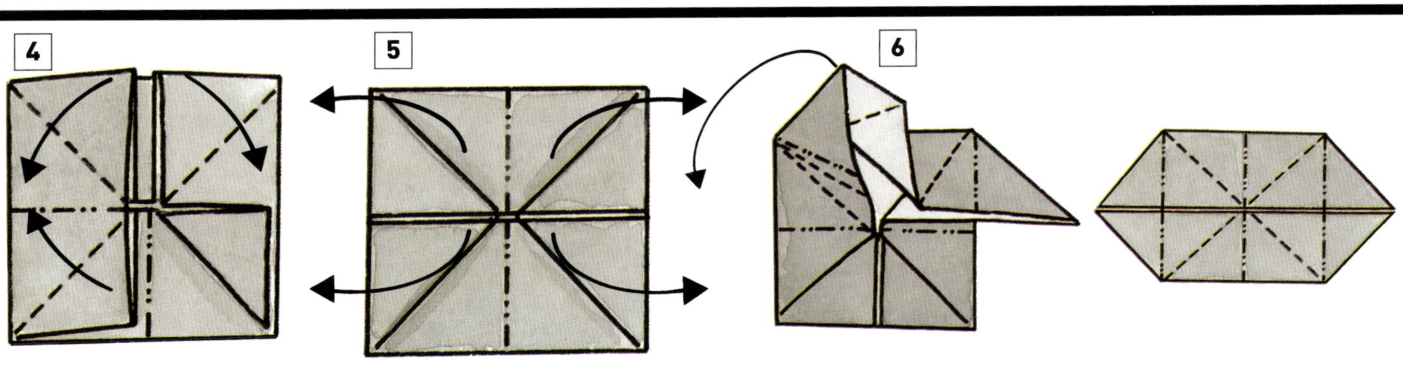

Stufe 3: **PROJEKT**

WÜRFEL

Dieses klassische Spielzeug ist seit vielen Jahren bei allen Kindern als „Wasserbombe", der Form von der es seinen Namen hat, hoch im Kurs. Der Würfel ist jedoch – vor allem wenn man mit leuchtenden Farben arbeitet – auch ein hübsches Motiv für ein Mobile.

INFOBOX!

Beim Einstecken der Flügel – zum Zusammenhalten der Figur – (Schritt 6 und 7) das Papier möglichst akkurat in die Tasche schieben.

SCHRITT 1

Ausgangspunkt ist die Wasserbombenform. Die glatten Kanten liegen vorn. Eine der oberen Ecken an die Spitze des Dreiecks falten.

SCHRITT 2

Die Spitze des Dreiecks nach unten falten, dabei den Mittelpunkt mit einer Orientierungsfalte markieren. Flügel entfalten.

SCHRITT 3

Die äußere Ecke des Dreiecks an die Orientierungsfalte in der Papiermitte falten. Mit der anderen Ecke und den unten liegenden Ecken wiederholen.

WIEDERHOLUNG WASSERBOMBENFORM

Das Papier einmal horizontal, vertikal und diagonal auf die Hälfte falten, von unten festhalten und vorsichtig in die Form eines Sterns drücken. Anschließend zu einem Dreieck mit zwei Flügeln glatt streichen.

1

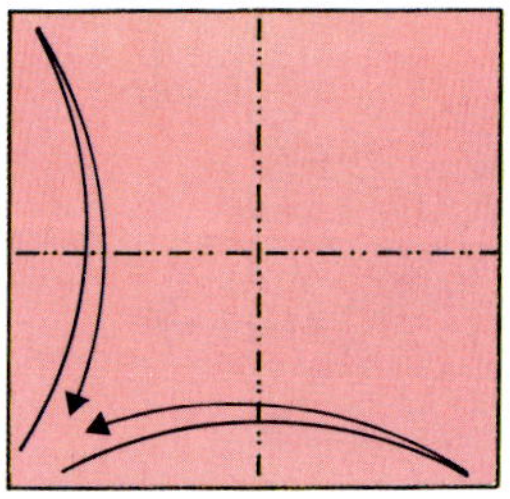

2

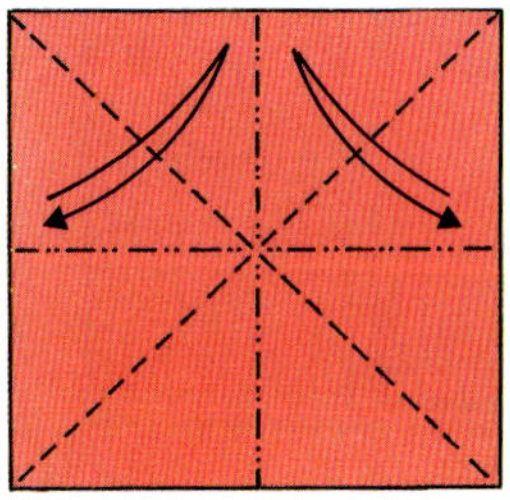

SCHRITT 4

Die losen Ecken am oberen Ende des Modells zu einem kleinen Dreieck zum Mittelbruch falten. Auf jeder Seite entstehen zwei Dreiecke.

SCHRITT 5

Dasselbe Dreieck über die Innenkante des größeren Dreiecks nach außen falten, falzen und entfalten.

SCHRITT 6

Mit Hilfe der zuletzt gemachten Falte das kleine Dreieck in die Tasche des größeren schieben ...

SCHRITT 7

... wie oben gezeigt. Für die restlichen drei Dreiecke wiederholen.

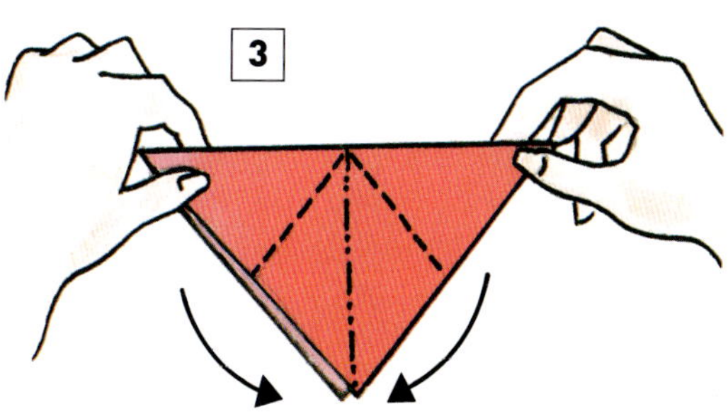

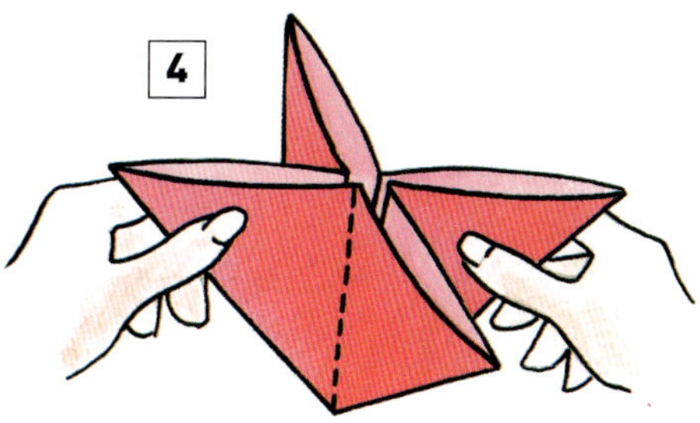

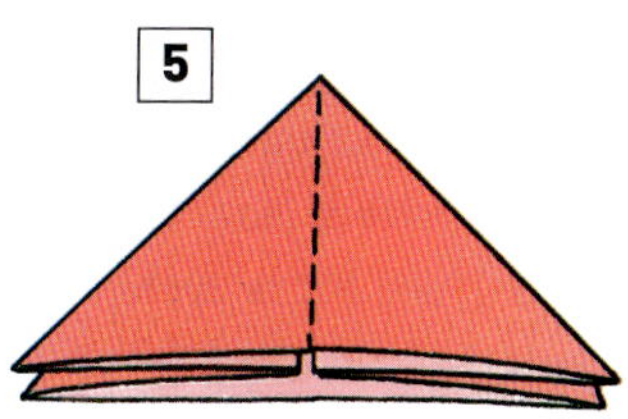

SCHRITT 8

Die vordere Ecke zur Mitte falten, kräftig falzen und entfalten. Für die andere Ecke wiederholen.

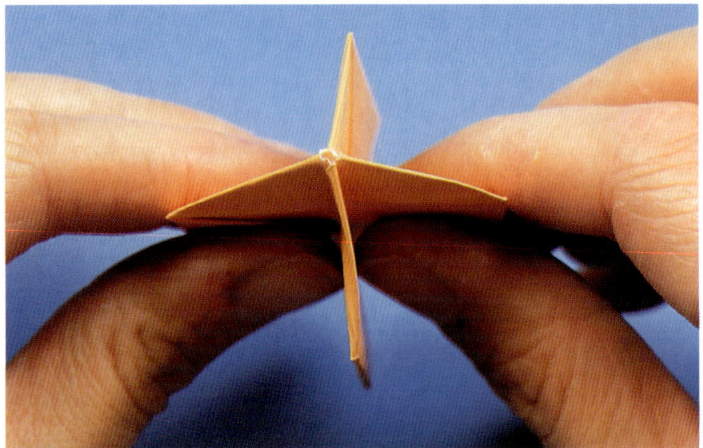

SCHRITT 9

Die vier Flügel zur Kreuzform ausbreiten, dann die Figur an zwei gegenüberliegenden Flügeln halten und in die kleine Öffnung oben am Modell blasen. Den Ausdehnungsprozess mit den Fingern unterstützen, sodass eine gleichmäßige Form entsteht.

SCHRITT 10

Die Kanten zusammendrücken, um die Umrisse des Würfels zu betonen.

WIEDERHOLUNG ORIENTIERUNGSFALTE

Das Papier vertikal auf die Hälfte falten und entfalten. Das untere Ende auf das obere falten, jedoch lediglich in der Mitte leicht knicken.

Stufe 2: **ÜBUNGSFIGUREN**

SCHALE

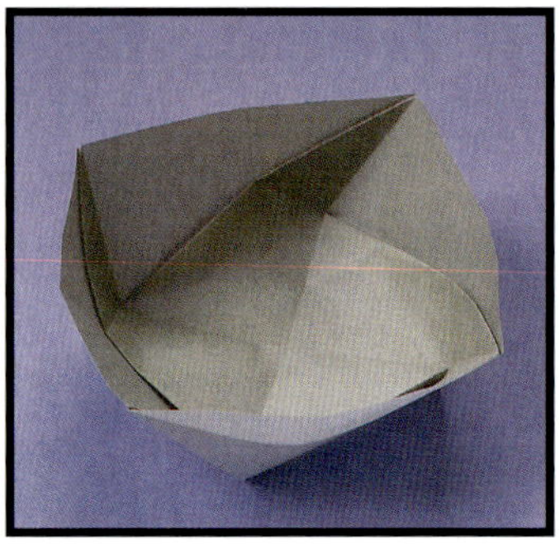

Diese vom Verfasser des Buches kreierte Schale verwendet eine einfache Verschlusstechnik zur Ausbildung der Seiten. Die Falten dafür werden im Voraus angelegt. Diese Technik nennt man „Vorfalten". Wichtig ist hierbei, dass alle Vorfaltungen absolut akkurat ausgeführt sind. Die Faltlinien für dieses Motiv finden sich auf einem der beiliegenden Übungsbögen.

Die äußeren Kanten der Schale sollten möglichst gleichmäßig gerundet sein. Durch spiegelbildliches Falten kreiert man eine in Gegenrichtung verlaufende Schale.

SCHRITT 1

Man beginnt mit einem in 16 kleinere Quadrate unterteilten Quadrat. Die untere Kante zum Mittelbruch falten.

SCHRITT 2

Dieselbe Kante nochmals – diesmal zum neuen Mittelbruch hin – falten und das Papier um 180° drehen.

SCHRITT 3

Die äußere Ecke rechts oben an die Mitte des Übungspapiers falten.

SCHRITT 4

Entfalten und die glatten Kanten der rechten Seite an die soeben gefalzte Falte knicken.

INFOBOX!

Wenn das endgültige Einschlagen der Ecken zur Befestigung des Modells Schwierigkeiten macht, jede Ecke nochmals falten und entfalten, um das Papier geschmeidig zu machen.

WIEDERHOLUNG TALFALTE

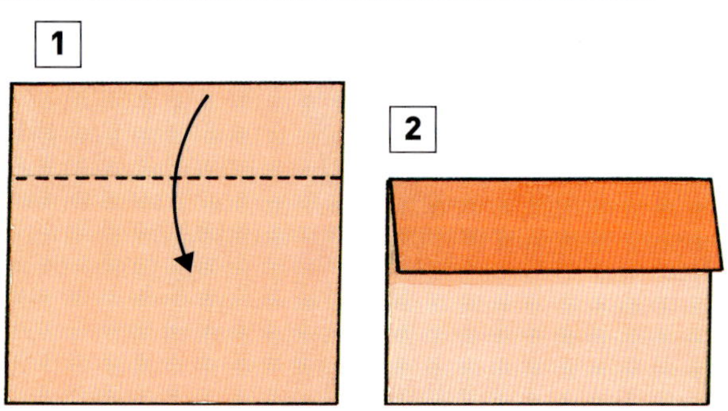

WIEDERHOLUNG BERGFALTE

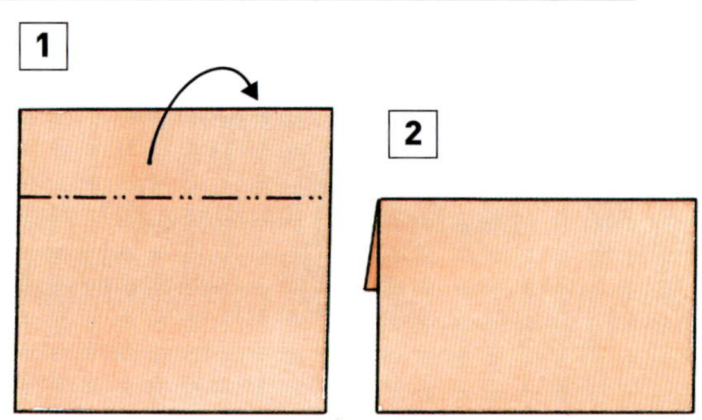

SCHRITT 5

Das Papier öffnen und Schritt 1 bis 4 für die anderen Kanten wiederholen. Noch einmal entfalten, das Papier umdrehen und an der unter dem rechten Daumen sichtbaren Talfalte einfalten.

SCHRITT 6

Das kleine Dreieck nach hinten falten und so befestigen.

SCHRITT 7

Schritt 5 und 6 für die anderen Ecken wiederholen. Bei der letzten Ecke besonders sorgfältig arbeiten.

SCHRITT 8

Die Schale umdrehen und alle Knicke glätten, damit eine leicht runde Optik entsteht.

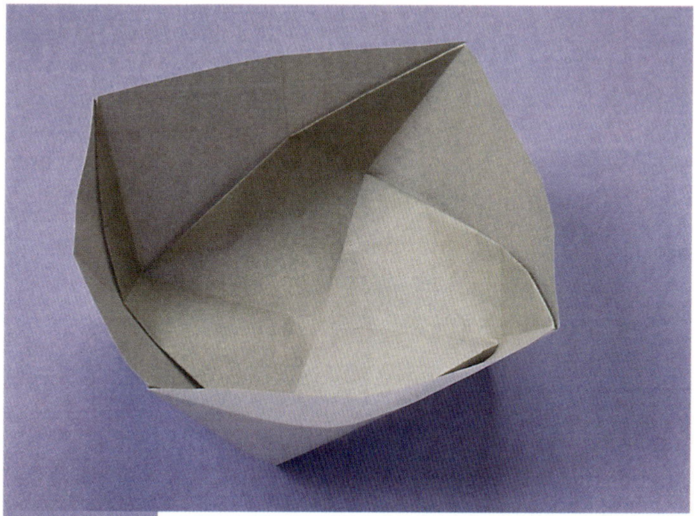

SCHRITT 9

Die fertige Schale.

WIEDERHOLUNG ORIENTIERUNGSFALTE

Das Papier vertikal auf die Hälfte falten und entfalten. Das untere Ende auf das obere falten, jedoch lediglich die Mitte zur Markierung leicht knicken.

Stufe 2: **ÜBUNGSFIGUREN**

VALENTINSVASE

Pam Bisman aus Neuseeland hat dieses Modell kreiert. Beachtenswert ist hier vor allem, dass Zusammenhalt und Standfestigkeit der fertigen Vase nicht so sehr durch komplizierte Falttechniken, sondern vor allem durch die Ausnutzung der Eigenspannung und -festigkeit des Papiers erreicht werden. Auch hier gilt – wie bei allen Origamifiguren: Je akkurater und sauberer die Faltungen, desto schöner das fertige Modell. Die Entdeckung, dass man mit den immer geraden Faltlinien offensichtlich auch rund wirkende Figuren gestalten kann, ist sicherlich ein weiteres interessantes Detail.

Rotes oder rosafarbenes Papier ist für dieses Modell mit den herzförmigen Seitenpartien eine reizvolle Wahl.

INFOBOX!

Zum Öffnen der Papierlagen (Schritt 5) nimmt man das Modell am besten in die Hand.

SCHRITT 1
Ausgangsform ist eine wieder zum Ursprungsquadrat entfaltete Windmühlenform. Alternativ kann man das Papier viermal vertikal und horizontal und die Ecken zur Mitte hin falten und entfalten. Eine Ecke zum ersten Faltenschnittpunkt talfalten.

SCHRITT 2
Entlang einer weiteren, vorhandenen Falte nochmals einfalten. Für die anderen Ecken wiederholen.

SCHRITT 3
Ecke auf gegenüberliegende Ecke des inneren Quadrats falten und nur die dünnere Mitte knicken.

WIEDERHOLUNG WINDMÜHLENFORM

Start ist die zum Quadrat entfaltete vorbereitende Form. Bis Schritt 5 gemäß den Faltanleitungen; an den dreieckigen Flügeln einer Seite ziehen, bis sich eine glatt gezogene Spitze bildet. Auf der anderen Seite wiederholen.

1

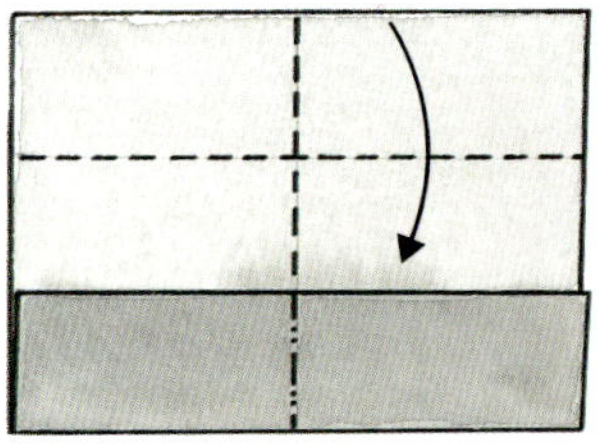

2

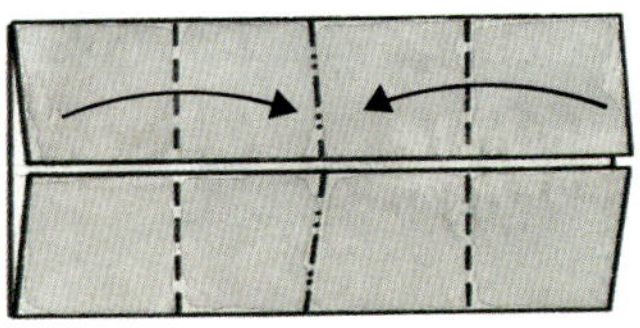

3

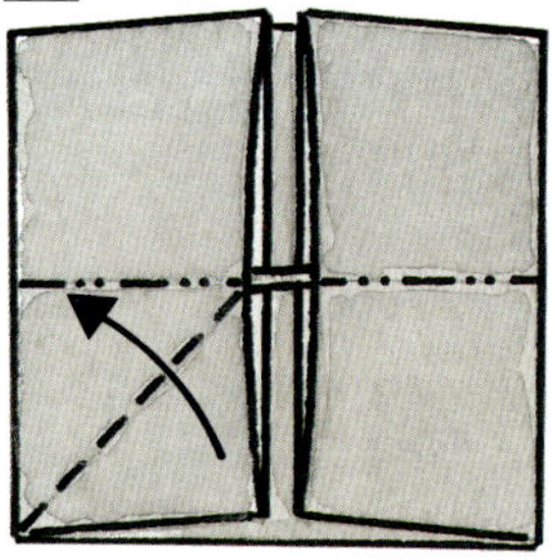

SCHRITT 4

Für die anderen Seiten wiederholen, das Papier umdrehen und alle vier Ecken zur Mitte falten.

SCHRITT 5

Nochmals umdrehen, dann eine der Taschen mit dem Finger öffnen, dabei die Seiten leicht zusammendrücken.

SCHRITT 6

Für die anderen Ecken wiederholen. Die in Schritt 3 und 4 angelegten Falten bilden den „Fuß" der Vase.

SCHRITT 7

Die fertige Vase.

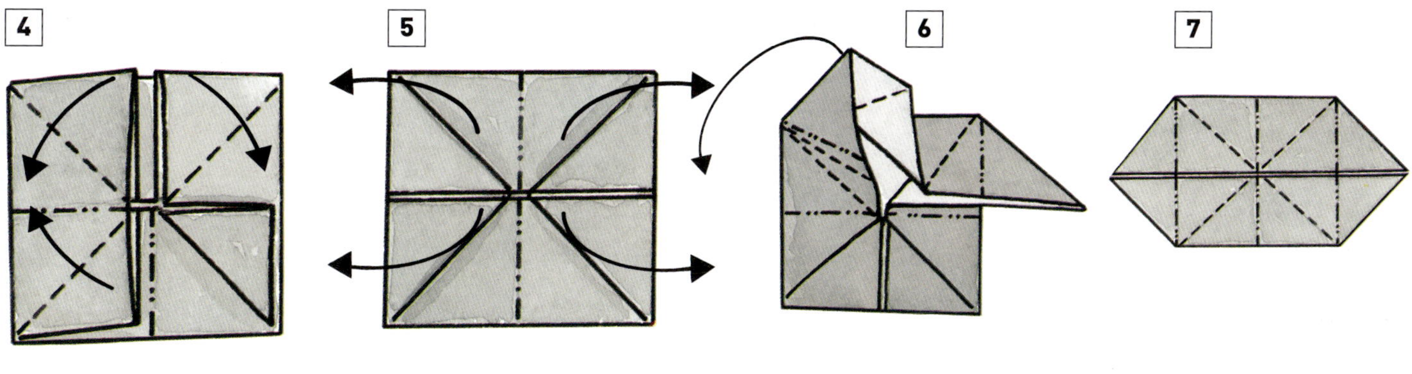

Stufe 3: **PROJEKT**

LESEZEICHEN

Seine einfache Grundform (im Grunde nur eine dreieckige Tasche) macht das Lesezeichen zum perfekten Gegenstand für erste eigene Entwürfe. Viele werden sicherlich rein zweckmäßig sein, aber das hier gezeigte Modell hat „Hand und Fuß" und sieht sehr lustig aus.

Die Falten, die der Frisur und den Ohren Form geben, können – dem Geschmack des Künstlers entsprechend – variiert werden.

SCHRITT 1

Ausgangsform ist die wieder zum Quadrat geöffnete Wasserbombenform. Die Farbe des späteren Kopfes liegt oben. Alle vier Ecken zum Mittelbruch falten, falzen und entfalten.

SCHRITT 2

Jede Ecke in das gegenüberliegende Viertel falten, falzen und entfalten. Die letzte Faltung nicht entfalten.

INFOBOX!

Um die einzelnen Arbeitsschritte dieses recht anspruchsvollen Modells nachvollziehen zu können, sollte man vorher unbedingt die Faltanleitungen und die entsprechenden Bilder genau studieren. Den letzten Flügel besonders vorsichtig einstecken, damit das Papier nicht knittert.

SCHRITT 3

Das Papier umdrehen und die linke Ecke zur Papiermitte falten (zum Schnittpunkt aller Falten).

WIEDERHOLUNG DER VORBEREITENDEN FORM

Mit der Wasserbombenform beginnen und entfalten. Einen Finger unter das Papier schieben, die Falten hochdrücken, dort zusammendrücken, wo sie ein „+" bilden, und dann zu zwei Flügeln glatt streichen.

1

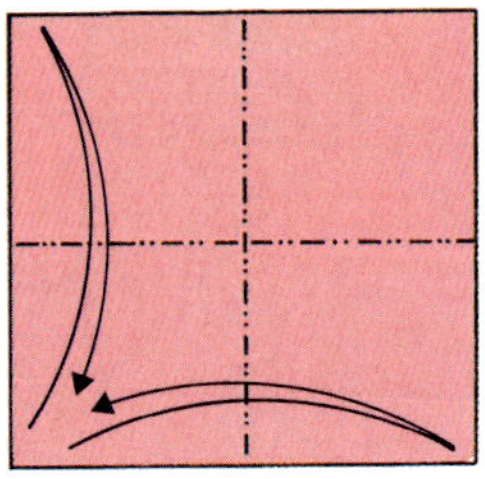

2

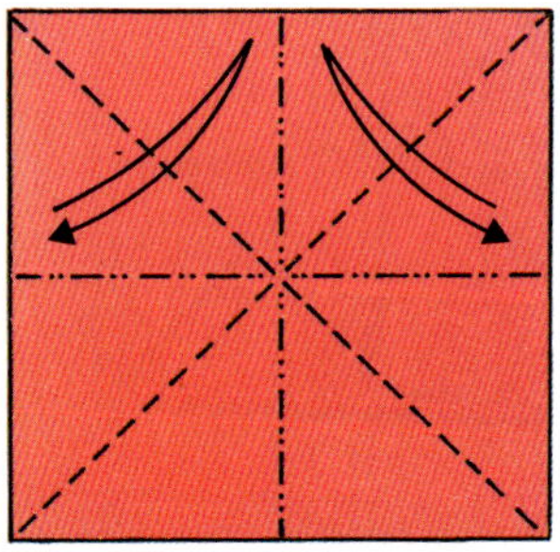

SCHRITT 4
Das kleine Dreieck nach innen falten, falzen und entfalten.

SCHRITT 5
An der mittleren Falte des Dreiecks talfalten, dabei die Ecke vorsichtig zusammendrücken und falten. Schritt 3 bis 5 rechts wiederholen.

SCHRITT 6
Das Papier umdrehen und den äußeren rechten Bereich nach innen gegenbruchfalten. Dabei „springt" der Arm heraus (Ergebnis siehe nächstes Bild). Auf der linken Seite wiederholen.

SCHRITT 7
Im oberen Quadrat eine Wasserbombenform (siehe unten) vorfalten und formen.

SCHRITT 8
Das Papier umdrehen und die beiden Ecken hinter dem Kopf zum ursprünglichen Mittelbruch des Quadrats falten.

SCHRITT 9
Mit zwei kleinen – möglichst gleichen – Falten die Ohren formen.

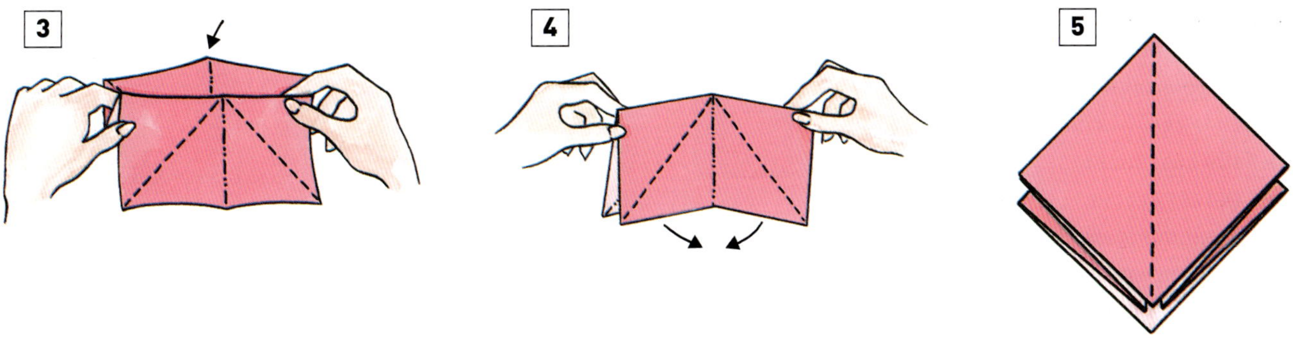

Stufe 3: **PROJEKT**

SCHRITT 10

Das Papier umdrehen, Finger in die Flügel des Körpers schieben (siehe kleines Bild), diese vollkommen auseinander falten und nach oben zusammengeschoben falten. Die ursprüngliche Ecke zum ersten Faltenschnittpunkt falten, ...

SCHRITT 11

... dann den Flügel an der vorhandenen Falte wieder umlegen (siehe kleines Bild). Den oberen Flügel des bootförmigen Bereichs nach unten ziehen und so das Papier nach vorn flach drücken. Das große Bild zeigt das Resultat.

SCHRITT 12

Für das Haar eine kleine Ecke nach unten falten und alle Falten glatt streichen. Das Lesezeichen ist fertig.

WIEDERHOLUNG DER FALTE

Mit einem auf die Hälfte gefalteten Quadrat beginnen. Beide Papierlagen zum Mittelbruch falten, trennen und die Falte zusammendrücken. Darauf achten, dass die zusammengeschobene Falte genau am Mittelbruch liegt.

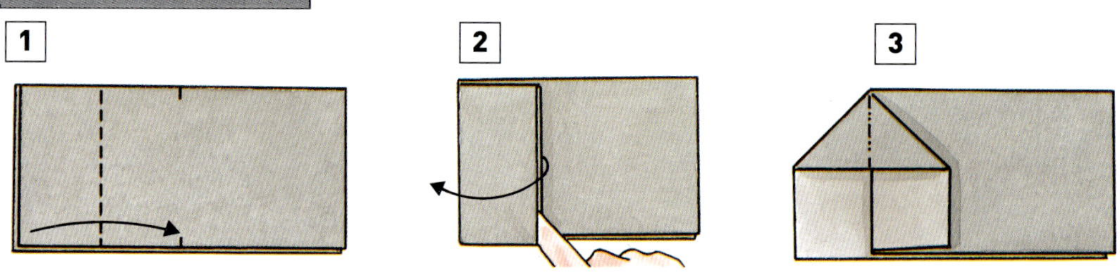

Stufe 2: **ÜBUNGSFIGUREN**

WEIHNACHTSBAUM

Dieser hübsche Weihnachtsbaum gehört zu den einfachsten Modellen in diesem Buch, ist aber dennoch eine besondere Weihnachtskarte. Wenn man viele unterschiedlich geformte Bäume faltet, kann man seinen ganz eigenen Wald gestalten. Durch eine leichte Veränderung der Faltungen und mit abgerundeten Spitzen lassen sich die unterschiedlichsten Baumformen falten. Die Faltlinien für dieses Motiv finden sich auf einem der beiliegenden Übungsbögen.

INFOBOX!

Gerade weil dieses Motiv so einfach ist, sollte jedes Exemplar absolut perfekt gefaltet sein.

SCHRITT 1
Mit einer umgekehrt liegenden Drachenform beginnen. Eine kleine Spitze der ursprünglichen Ecke talfalten.

SCHRITT 2
Eine kurze glatte Ecke zum Mittelbruch falten. Auf der anderen Seite wiederholen.

WIEDERHOLUNG DRACHENFORM

Diagonal in der Mitte vorfalten und zwei Nachbarkanten an diesen Knick anlegen und falten.

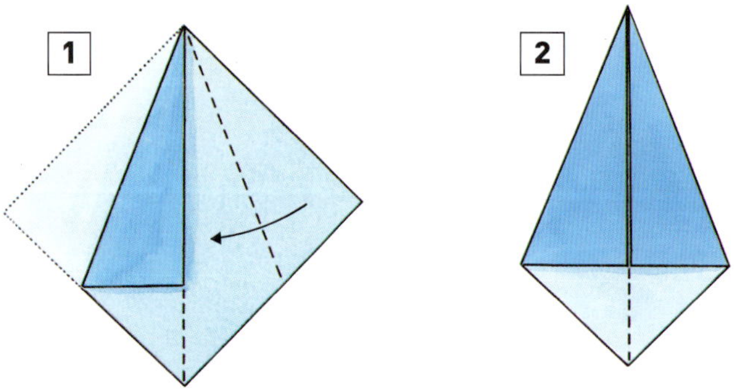

SCHRITT 3

An den am weitesten auseinanderliegenden Ecken auf die Hälfte falten und falzen.

SCHRITT 4

Das stumpfe Ende wieder nach unten talfalten, sodass eine Hälfte über die gefaltete Ecke hinausreicht.

SCHRITT 5

Das Papier umdrehen. Der Weihnachtsbaum ist fertig.

WIEDERHOLUNG TALFALTE

Für eine Talfalte wird das Papier nach vorn gefaltet und gefalzt.

1

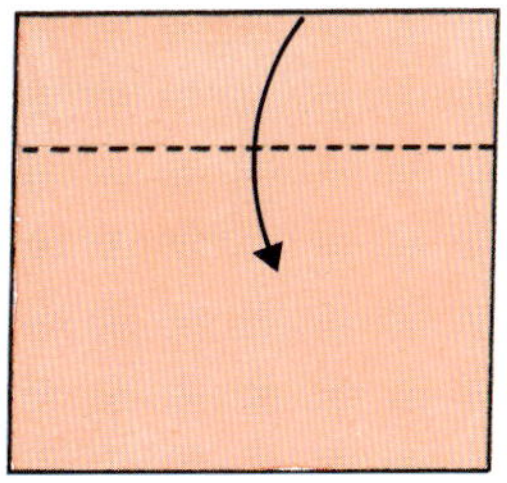

2

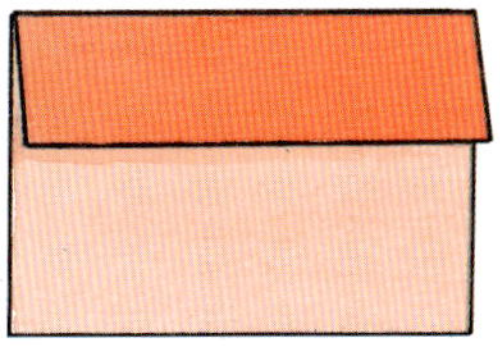

Stufe 2: **ÜBUNGSFIGUREN**

BRIEFUMSCHLAG

Briefumschläge gibt es seit Hunderten von Jahren, und die Forschung hat sich intensiv mit ihrer Geschichte und Verwendung beschäftigt. Es gibt sogar eine Gruppe namens ELFA (Verein der Umschlag- und Brieffalter), die ganze Sammlungen von Entwürfen für Briefumschläge veröffentlicht. Immer jedoch geht es darum, alltagstaugliche Umschläge zu entwerfen, in denen der Inhalt sicher verwahrt ist. Die Faltlinien für den Umschlag finden sich auf einem der beiliegenden Übungsbögen.

Alle Falten dieses Modells lassen sich bis zu einem gewissen Grad variieren, sodass man seine ganz persönlichen Umschläge gestalten kann.

SCHRITT 1

Ausgangspunkt ist ein zweimal diagonal gefaltetes Dreieck. Eine Ecke zum Mittelbruch falten, falzen und entfalten.

SCHRITT 2

Ecke nochmals falten, diesmal die Spitze zum zuletzt gefalteten Bruch legen (kleines Bild) und den Flügel an der vorhandenen Falte umknicken.

SCHRITT 3

Das Papier in die gezeigte Position drehen (kleines Bild) und die Ecke nach innen bis zu einem Punkt jenseits der Mitte falten. Das Papier drehen und für die gegenüberliegende Seite wiederholen. Die beiden glatten Kanten treffen sich über dem Mittelbruch.

INFOBOX!

Für Umschläge, die mit der Post verschickt werden sollen, ein größeres Quadrat verarbeiten.

WIEDERHOLUNG TALFALTE

Für eine Talfalte wird das Papier nach vorn gefaltet und gefalzt.

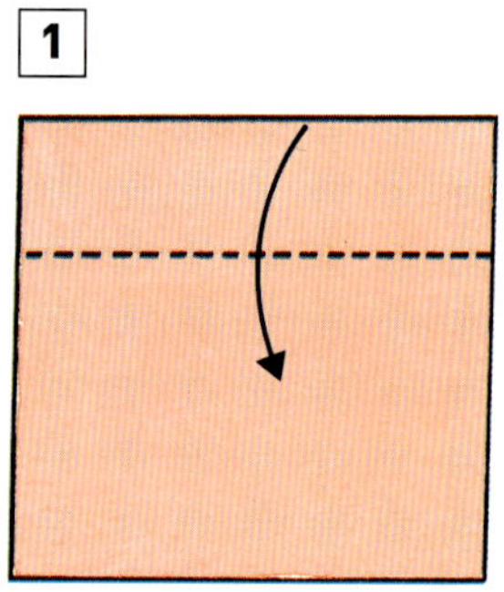

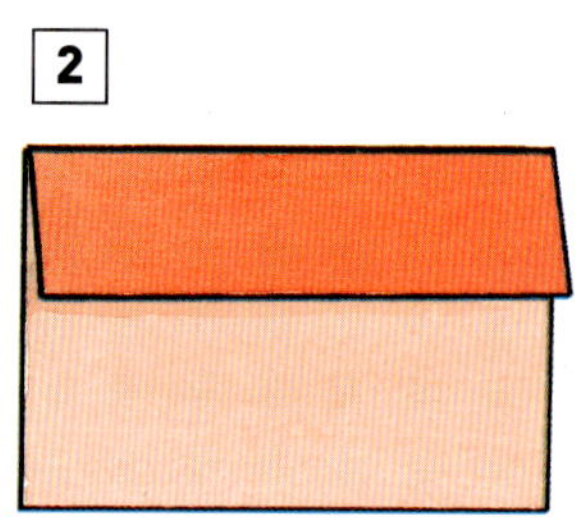

SCHRITT 4
Die letzte Ecke so falten, dass sie entlang der glatten Kante liegt.

SCHRITT 5
Das Papier um 180° drehen und dieselbe Falte wieder zur Mitte der oberen Kante entfalten.

SCHRITT 6
Den losen Flügel komplett auf den in Schritt 4 entstandenen Knick bergfalten.

SCHRITT 7
Eine Ecke derselben Kante zum Treffpunkt der beiden glatten Kanten falten. Für die andere Ecke wiederholen.

SCHRITT 8
Den spitzen Flügel vorsichtig in die kleine Tasche schieben.

SCHRITT 9
Zum Schluss die Falte vorsichtig glatt streichen und umdrehen. Der Umschlag ist fertig.

WIEDERHOLUNG BERGFALTE

Für eine Bergfalte wird das Papier nach hinten gefaltet und gefalzt.

1

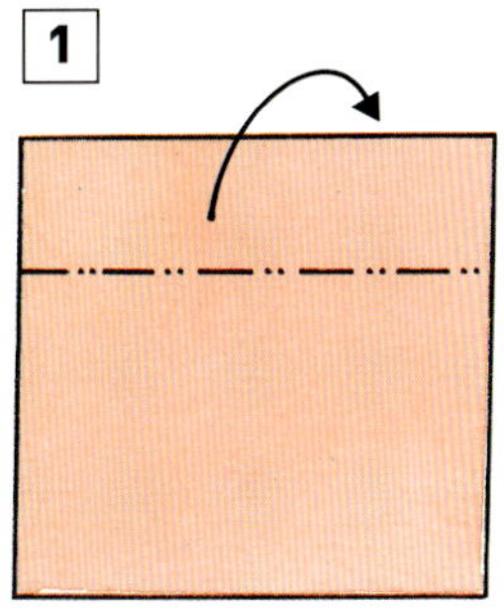

2

Stufe 3: **PROJEKT**

WEIHNACHTSMANN

Dieser Entwurf stammt aus Japan, von Minako Ishibashi, und ist ein gelungenes Beispiel dafür, dass man in der Origamikunst oft mit der Andeutung einer Figur ebenso viel erreicht wie mit einer realistischen Darstellung. Mit nur wenigen charakteristischen Merkmalen ist diese Figur eindeutig als Weihnachtsmann identifizierbar.

INFOBOX!

Bei den letzten Faltungen der Körperform besonders vorsichtig arbeiten, sonst zerknittern die dickeren Papierlagen.

SCHRITT 1

Ausgangspunkt ist ein diagonal gefaltetes Quadrat. Ein Ende der Diagonale auf das andere legen, in der Mitte eine kleine Orientierungsfalte knicken und entfalten (kleines Bild). Dann eine Ecke zum Mittelbruch falten (großes Bild).

SCHRITT 2

Das Papier umdrehen und die Hälfte der kurzen Kante zum Mittelbruch falten.

SCHRITT 3

Die gleiche Faltung für die andere Seite der kurzen Kante wiederholen.

WIEDERHOLUNG TALFALTE

Für eine Talfalte wird das Papier nach vorn gefaltet und gefalzt.

1

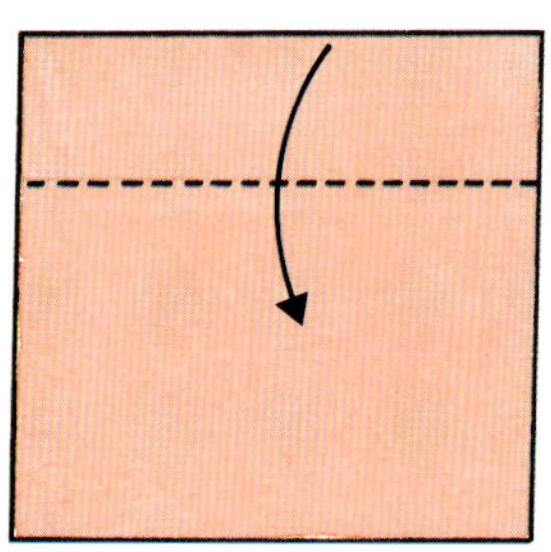

2

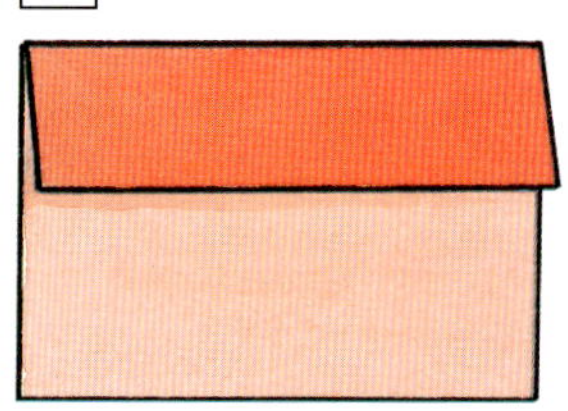

SCHRITT 4
Die kurze Kante zur Außenkante hin auf die Hälfte falten, sodass nur noch eine Farbe sichtbar ist.

SCHRITT 5
Schritt 4 auf der gegenüberliegenden Seite wiederholen.

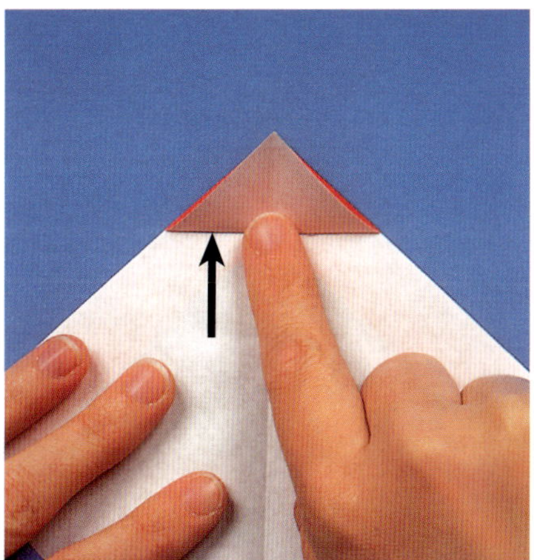

SCHRITT 6
Das Papier umdrehen, die innere Ecke des kleinen Quadrats an die äußere falten, falzen und wieder entfalten.

SCHRITT 7
Dieselbe Ecke zur Mitte des Quadrats falten (siehe neue Markierung).

SCHRITT 8
Das kleine Dreieck auf die Hälfte falten, ...

WIEDERHOLUNG BERGFALTE

Für eine Bergfalte wird das Papier nach hinten gefaltet und gefalzt.

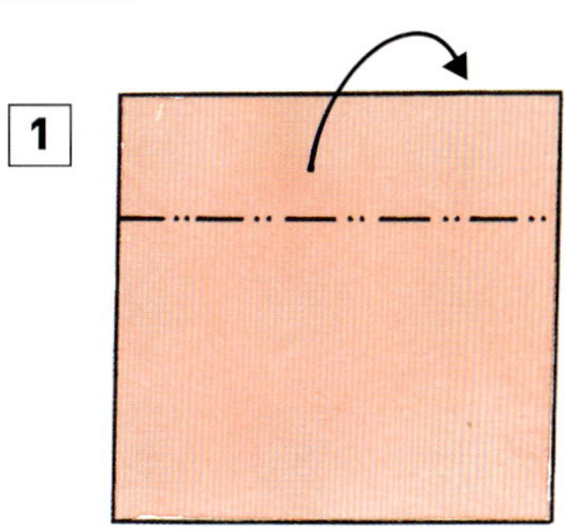

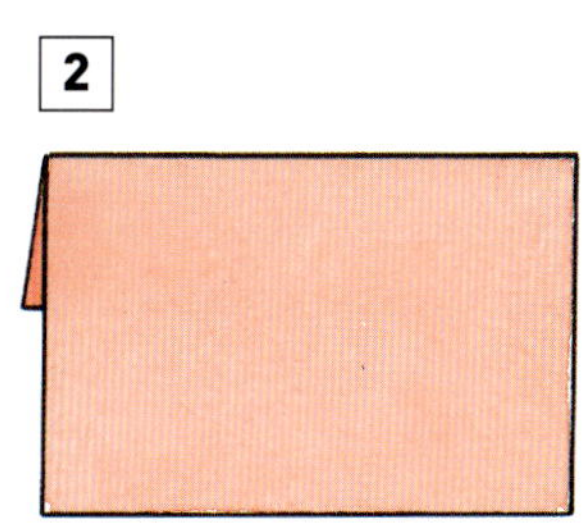

SCHRITT 9

... dann nochmals an der in Schritt 5 entstandenen Falte umknicken.

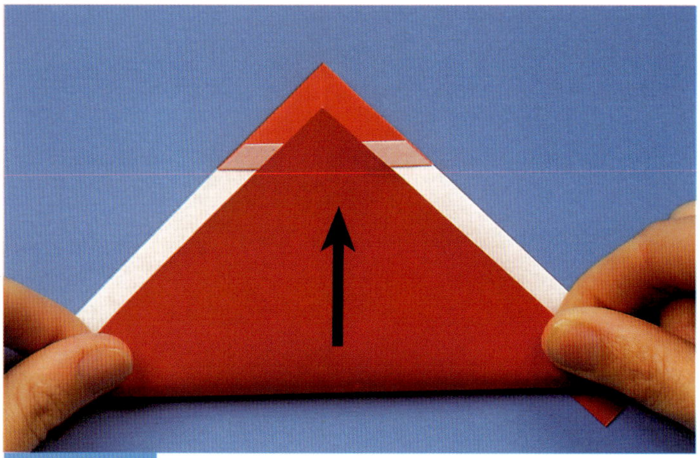

SCHRITT 10

Die ursprüngliche Ecke auf die gegenüberliegende falten.

SCHRITT 11

Den Bart bis kurz unter die Hutkante nach unten falten.

SCHRITT 12

Umdrehen und eine lange Kante an den Mittelbruch falten.

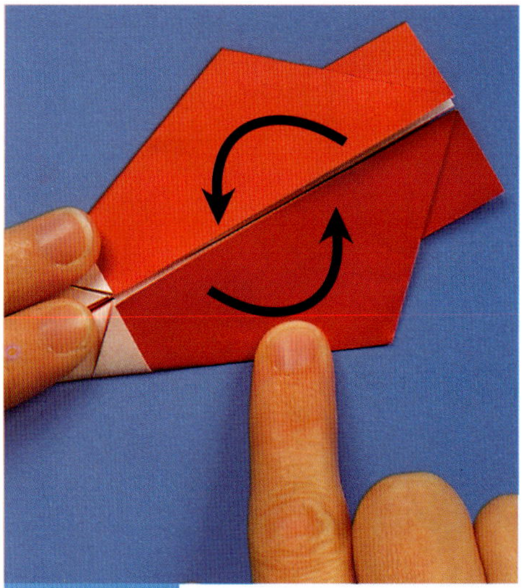

SCHRITT 13

Für die andere Seite wiederholen, dabei die Figur glatt streichen. Der Weihnachtsmann ist fertig.

WIEDERHOLUNG ORIENTIERUNGSFALTE

Das Papier vertikal auf die Hälfte falten und entfalten. Das untere Ende auf das obere falten, jedoch lediglich in der Mitte leicht knicken.

Stufe 2: **ÜBUNGSFIGUREN**

SPECHT

Bewegliche Origamifiguren sind seit jeher die Lieblinge von Groß und Klein. In unserem Modell kommt eine schon bekannte Technik zum Einsatz. Position und Winkel des Schnabels können nach Belieben geändert werden. Wenn man mit steifem Papier arbeitet, kann man dem Specht auch eine „Stimme" geben. Die Faltlinien für diese Figur finden sich auf einem der beiliegenden Übungsbögen.

Mit wenigen Veränderungen kann man den Specht mit geöffnetem Schnabel falten. Eigenen Ideen sind keine Grenzen gesetzt.

SCHRITT 1

Ausgangspunkt ist eine auf dem Kopf stehende Rautenform. Man beginnt an der linken Ecke und faltet die rechte Ecke an sich selbst zurück, falzt sie aber nur bis zur Mitte. Auf der linken Seite wiederholen.

SCHRITT 2

Papier einmal ganz drehen, dann die Faltungen für das andere Ende wiederholen. So entsteht in der Mitte ein rautenförmiges Faltmuster.

INFOBOX!

Damit der Specht gut „hacken" kann, müssen alle Falten genau und scharf gefalzt werden. Am besten verwendet man steifes Papier.

SCHRITT 3

Das Papier umdrehen und an einem beliebigen Ende der Rautenform zwei Flügel entfalten. Die beiden äußeren Spitzen zu den inneren falten und falzen.

WIEDERHOLUNG GEGENBRUCHFALTE NACH INNEN

Man beginnt mit einer Drachenform. Mit Schritt 5 sind alle erforderlichen Faltungen gemacht, die Falzrichtung muss jedoch noch „umgekehrt" werden: Dazu das Papier an den Faltlinien vorsichtig zurückdrücken.

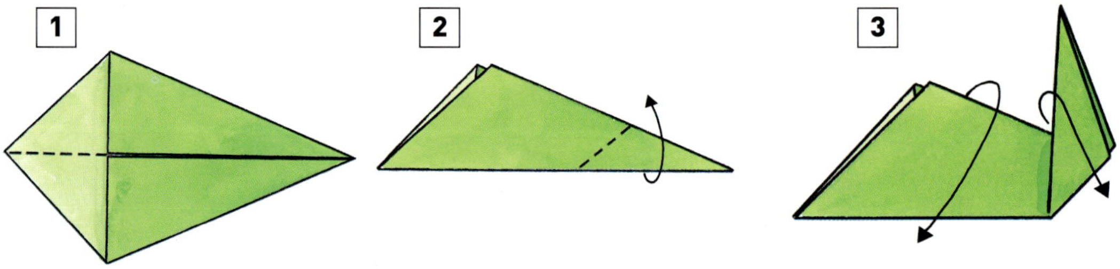

SCHRITT 4

Das Papier in die Hand nehmen und die in Schritt 1 und 2 entstandenen rautenförmigen Knicke durch die anderen Papierlagen hindurch falzen.

SCHRITT 5

Mit einer Gegenbruchfalte nach innen den Schnabel formen.

SCHRITT 6

Die Schnabelseite mit festem Druck nach unten falten.

SCHRITT 7

Das Modell auf beiden Seiten halten (kleines Bild) und durch vorsichtiges Zusammendrücken den Specht zum „Hacken" bringen!

4

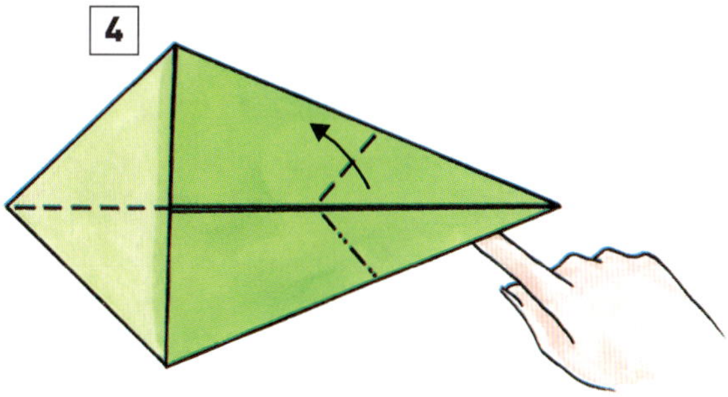

5

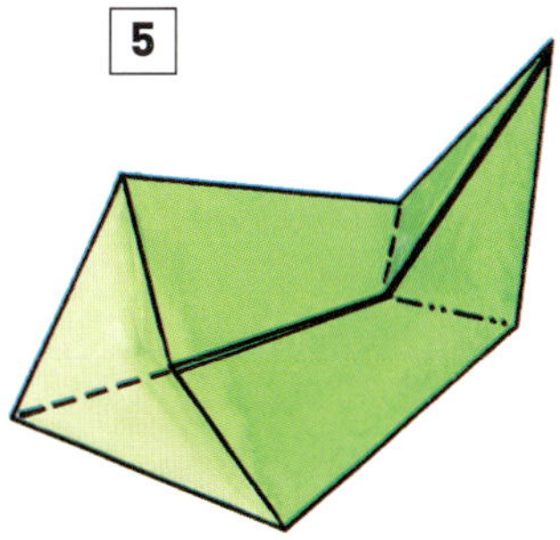

6

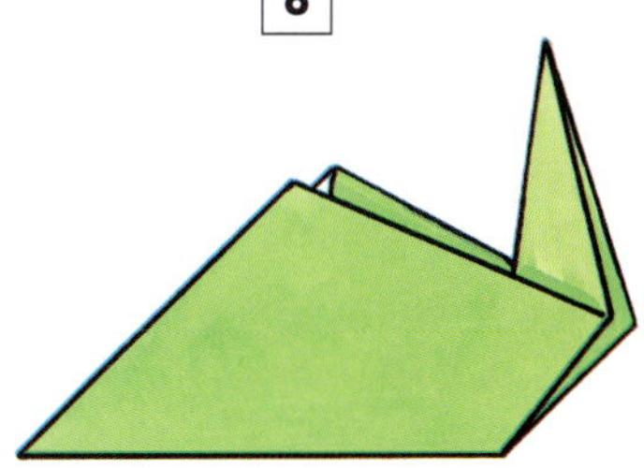

Stufe 2: **ÜBUNGSFIGUREN**

VOGEL MIT BEWEGLICHEN FLÜGELN

Dieses Modell ist fast so bekannt und beliebt wie das Flugzeug und wird schon seit über 150 Jahren gefaltet. Die beweglichen Flügel begeistern immer wieder Alt und Jung. Mit ein wenig Übung ist der kleine Vogel schnell gefaltet. Der Autor selbst hat – für einen wohltätigen Zweck – schon 1.000 Stück an einem Tag gefaltet. Die Faltlinien für diese Figur finden sich auf einem der beiliegenden Übungsbögen.

INFOBOX!

Das Schwierigste an dieser Figur ist es, die Flügel beweglich zu machen. Man kann versuchen, die Flügel leicht zu rollen, damit sie beweglicher werden. Den Schwanz nie zu schnell oder zu fest ziehen.

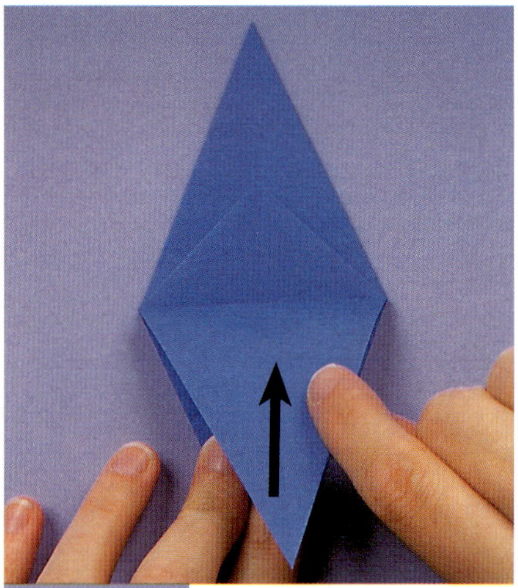

SCHRITT 1
Ausgangspunkt ist die Vogelform. Den vorderen und hinteren Flügel nach oben falten.

SCHRITT 2
Von den beiden schmalen Flügeln einen von der Papiermitte aus im Winkel nach oben falten (zur Orientierung siehe folgende Bilder) und falzen.

SCHRITT 3
Am soeben gefalteten Knick nach innen gegenbruchfalten.

WIEDERHOLUNG VOGELFORM

Mit der vorbereitenden Form beginnen. Nach Schritt 2 umdrehen und wiederholen. Schritt 5 mit dem Entfalten der beiden Flügel abschließen. Papier umdrehen und die letzten beiden Schritte wiederholen.

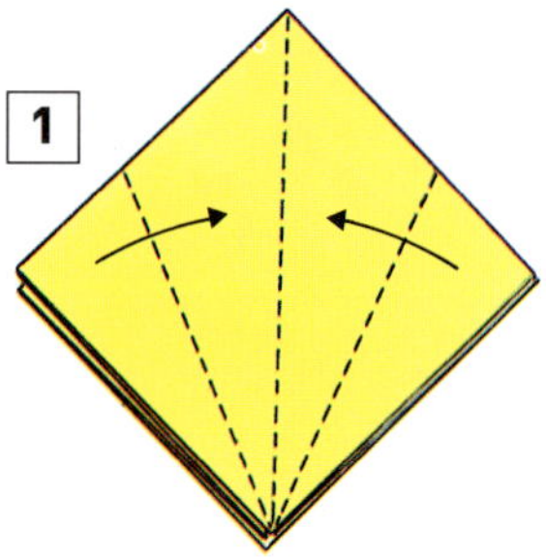

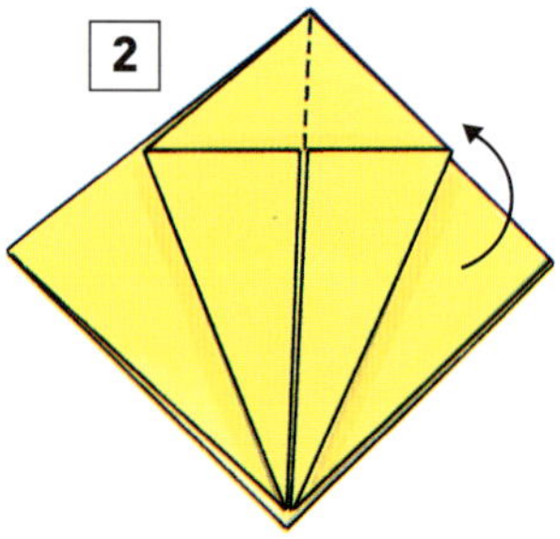

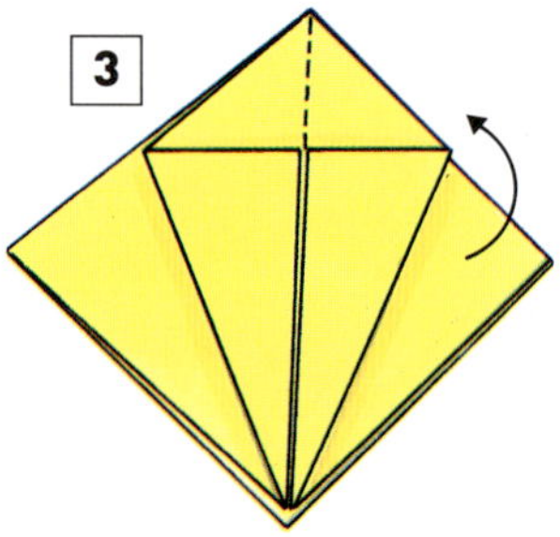

SCHRITT 4

Einen kleinen Teil einer Spitze zum Schnabel knicken, falzen und entfalten.

SCHRITT 5

An dieser Falte nach innen gegenbruchfalten.

SCHRITT 6

Der fertige Vogel ist startbereit.

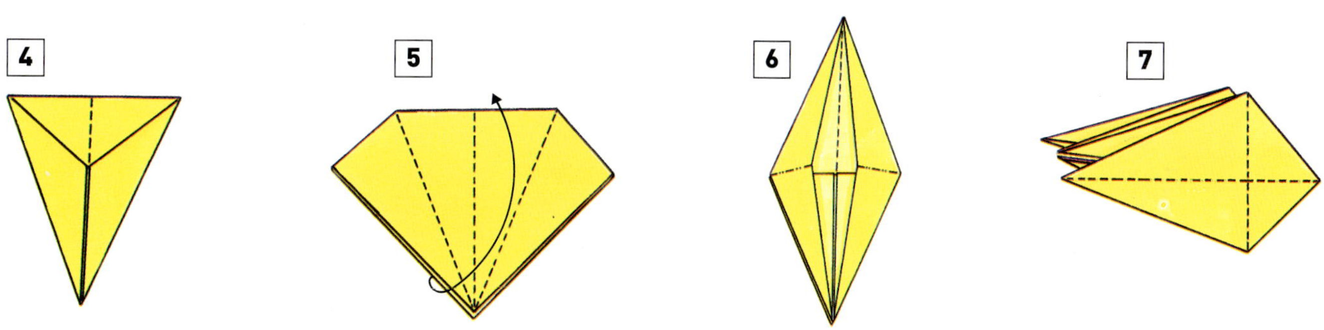

Stufe 3: **PROJEKT**

AKROBAT

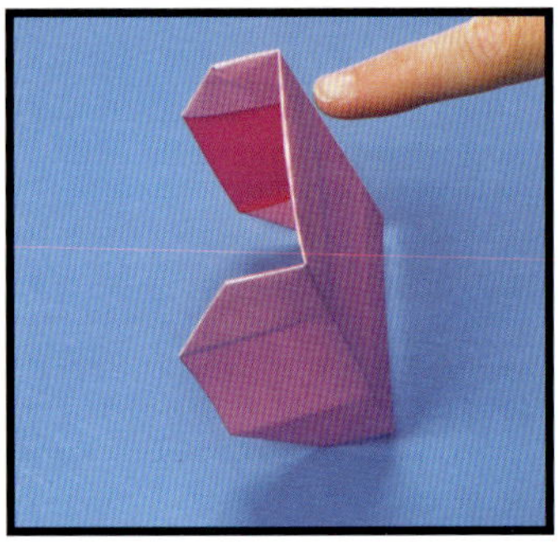

Der Schöpfer dieses entzückenden Spielzeugs ist der inzwischen verstorbene japanische Origamikünstler Seiro Takekawa, ein Spezialist für einfaches, kindergerechtes Origami. Die Stehauf-Funktion scheint leicht zu bewerkstelligen; man muss allerdings genau wissen, wie's geht, wenn es funktionieren soll.

Das Verschmälern der Kanten in Schritt 4 und 5 muss absolut akkurat erfolgen, wenn die Figur ihren Zweck erfüllen soll.

INFOBOX!

Die Flügel können in Schritt 7 ruhig etwas überstehen. Für die Funktion der Figur ist es wichtig, dass die Kanten genau im rechten Winkel verlaufen.

SCHRITT 1

Ausgangspunkt ist ein Quadrat. Die farbige Seite liegt oben. Quadrat auf die Hälfte falten und entfalten.

SCHRITT 2

Beide Kanten zum Mittelbruch falten und eine wieder entfalten.

WIEDERHOLUNG TALFALTE

Für eine Talfalte wird das Papier nach vorn gefaltet und gefalzt.

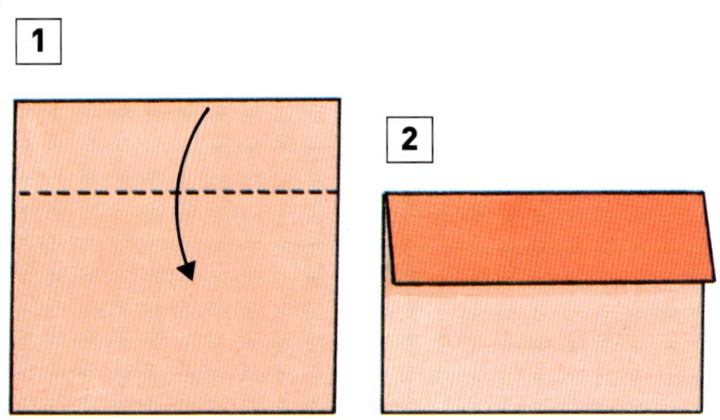

SCHRITT 3

Beide Ecken des weißen Bereichs zur Innenkante falten. Auf der gegenüberliegenden Seite wiederholen, dabei die Ecken an den Viertelbruch falten.

SCHRITT 4

Die äußere gefaltete Kante zur inneren glatten Kante falten. Beim Falzen der Falte die Ecken festhalten.

SCHRITT 5

Das Papier umdrehen und die gleiche Falte für die andere Kante wiederholen.

WIEDERHOLUNG BERGFALTE

Für eine Bergfalte wird das Papier nach hinten gefaltet und gefalzt.

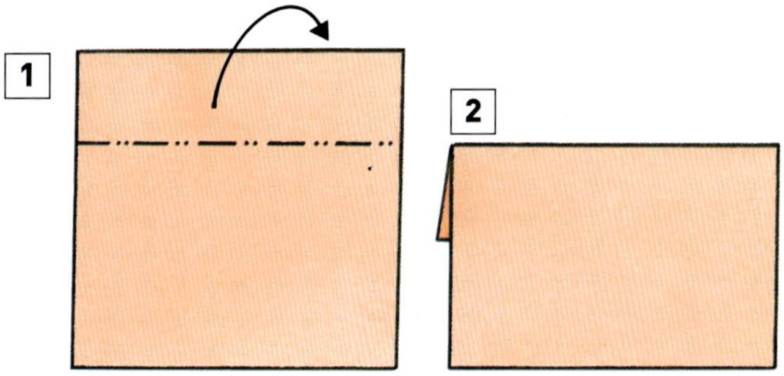

SCHRITT 6
Das Papier seitlich drehen und die kurze Kante zur Mitte talfalten. Die Falte verläuft hinter versteckten Papierkanten und ist daher leicht zu lokalisieren.

SCHRITT 7
Das Papier nochmals drehen und die Faltung für die zweite kurze Kante wiederholen.

SCHRITT 8
Die kurzen Kanten halb entfalten und das Papier mit der dickeren Seite (sie hat doppelt so viele Schichten) auf die Seite stellen. Wenn man jetzt das Papier sanft mit der Fingerspitze anstößt, schlägt die Figur Purzelbaum. Der Trick dabei: Man stellt die Figur wieder auf, diesmal mit der leichten Seite nach oben, und bittet einen Freund, den Saltotrick zu wiederholen.

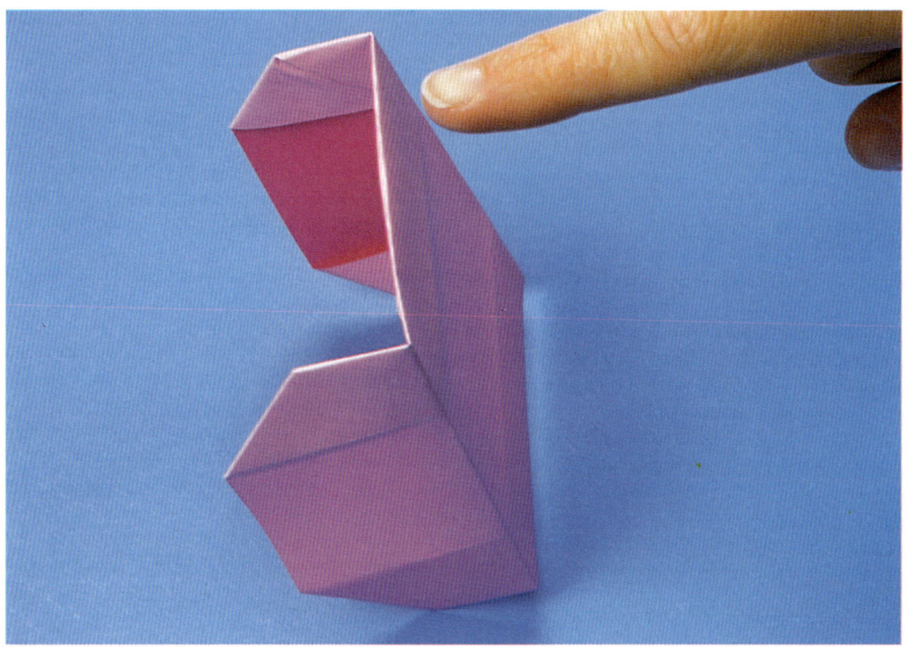

WIEDERHOLUNG RAUTENFORM

Man beginnt mit einer Drachenform und faltet die beiden kurzen Kanten zum Mittelbruch.

1

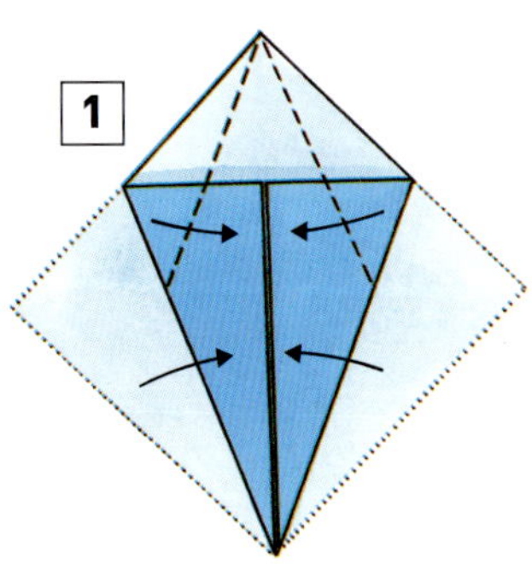

2

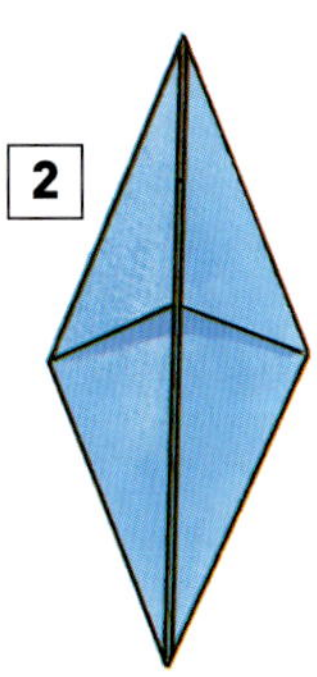

TIERE, TIERE ...

Schon immer hat die Natur Künstler aller Art inspiriert – natürlich auch die Origamikünstler. Einige Tierarten wie Pinguine, Elefanten und Hunde sind sehr beliebte Motive, während andere, z. B. Nacktschnecken, Hamster und Kühe, eher selten sind. In den letzten Jahren wächst das Interesse an Origamisauriern und Skeletten immer mehr! Beim Falten eigener Kreationen sollte man möglichst nach nicht so alltäglichen Motiven suchen, damit es letztendlich auch wirklich Originale werden.

KÜKEN
Ein klassisches Motiv von Kunihiko Kasahara.

DRACHE
Diese sagenhafte Drachenfigur von Robert Neale entsteht aus der schlichten Vogelform.

GOLDFISCH
Eine der wenigen Figuren, die ihre endgültige Form erhalten, indem man sie aufbläst.

VOGELJUNGES
Dieser Originalentwurf des Autors zeigt einen jungen Vogel im Nest.

WITZIGER HUND
Entwurf aus den 60er Jahren von Robert Neale.

SATSUMAS HUND
Ein hübsches Motiv von Fred Satsuma aus den 90er Jahren.

SCHNECKE
Diese kriechende Schnecke ist eine bekannte Variation der Vogelform.

SCHALEN UND DOSEN

Das Falten von Dosen, Schalen und Schachteln ist für jeden Origamikünstler eine große Herausforderung. Die Faltmethoden sind für gewöhnlich sehr direkt, und man kann unmittelbar erkennen, ob der Entwurf gelingt oder nicht. Es gibt dekorative, elegante Gefäße mit sanften Rundungen, andere wiederum sind einfach nur praktisch. Zu diesem Themenkreis finden sich sicherlich mehr Origamimodelle als zu jedem anderen.

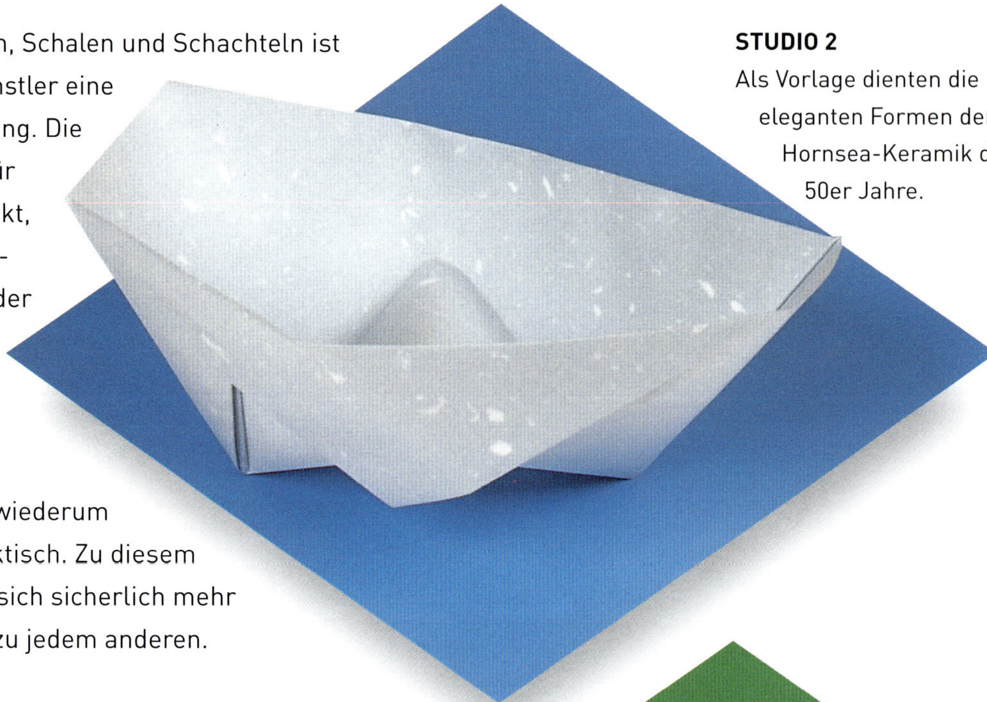

STUDIO 2
Als Vorlage dienten die eleganten Formen der Hornsea-Keramik der 50er Jahre.

LOUIS' SCHACHTEL
Bei diesem etwas komplizierteren Modell sind die Seiten miteinander verflochten.

DEKORATIVE SCHALE
Eine praktische Schale mit dekorativer Kantenlösung.

KLASSISCHE SCHALE
Ein klassischer Entwurf von Philip Shen.

EINFACH GEFALTETE SCHALE
Hier ist zu erkennen, wie man mit einfachsten Faltungen wunderschöne Linien zaubern kann.

TRINKBECHER
Paulo Mulatinho schuf diesen stabilen, praktischen Becher.

GESICHTER UND GEOMETRISCHE FORMEN

Origamigesichter können sehr einfach, aber auch sehr komplex sein – im Mittelpunkt stehen auf jeden Fall immer Augen, Nase und Mund, die dem Gesicht seinen Charakter verleihen. Zusätzlich zeigen wir hier einige von wahren Meistern des Origami geschaffene, geometrische Figuren.

CARTOONGESICHT
Ein stilisiertes Gesicht aus einem Cartoon, das aus einer Fischform entstand.

TETRAEDER
Einer der Platonischen Körper.

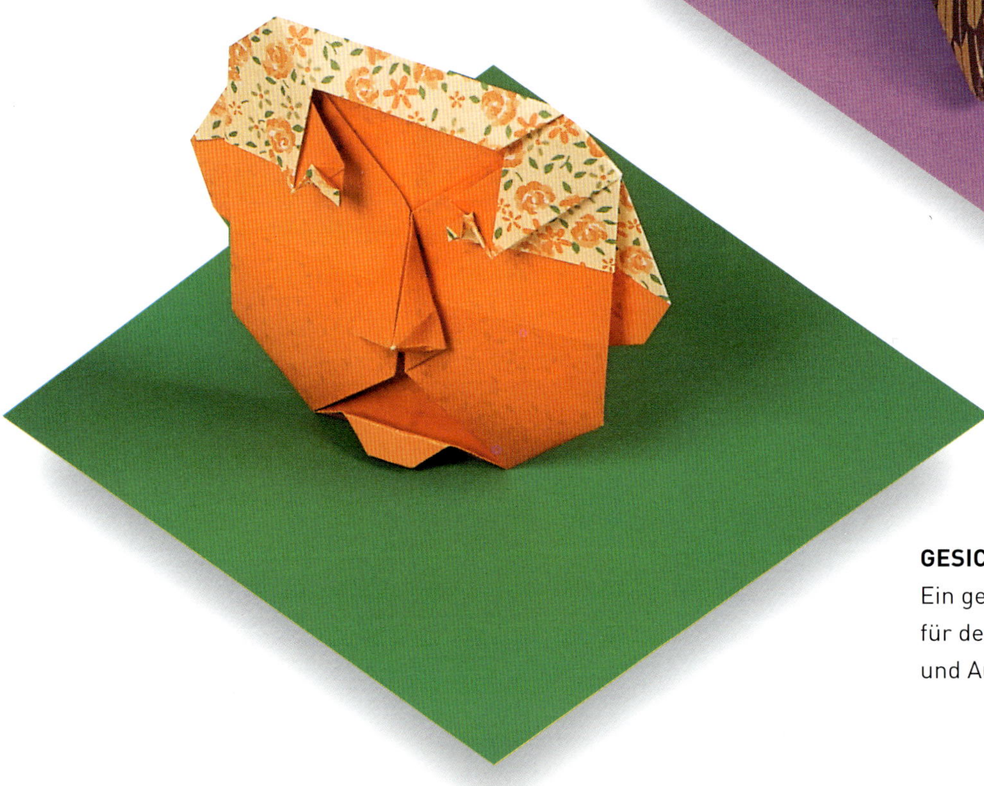

GESICHT MIT DETAILS
Ein gemustertes Papier sorgt für den Kontrast, der für Haare und Augen notwendig ist.

EINFACHES GESICHT
Ein einfaches, aber leicht erkennbares Gesicht.

TRADITIONELLE SCHACHTEL
Ein frühes, klassisches Design aus Japan.

WÜRFEL
Ein klassischer Entwurf des Origamimeisters Shuzo Fujimoto.

AUSGEFALLENE UND LUSTIGE FIGUREN

Diese Auswahl an Origamifiguren zeigt die vielen Facetten des Papierfaltens. Für einen begabten Faltkünstler ist kein Motiv unmöglich, und meist steht die Figur in direkter Beziehung zur Persönlichkeit des Künstlers. Man sollte sich also immer von seinen eigenen Interessen leiten lassen. Vielleicht entsteht so ein ganz neues Design.

BUCH
Dieses kleine Buch von Martin Wall ist die Variation einer einfachen Schachtel.

KLASSISCHE KIRCHE
Ein einfaches Motiv – aus einer Wasserbombenform gefaltet.

SAMURAIHELM
Ein weiteres traditionelles Motiv aus Japan.

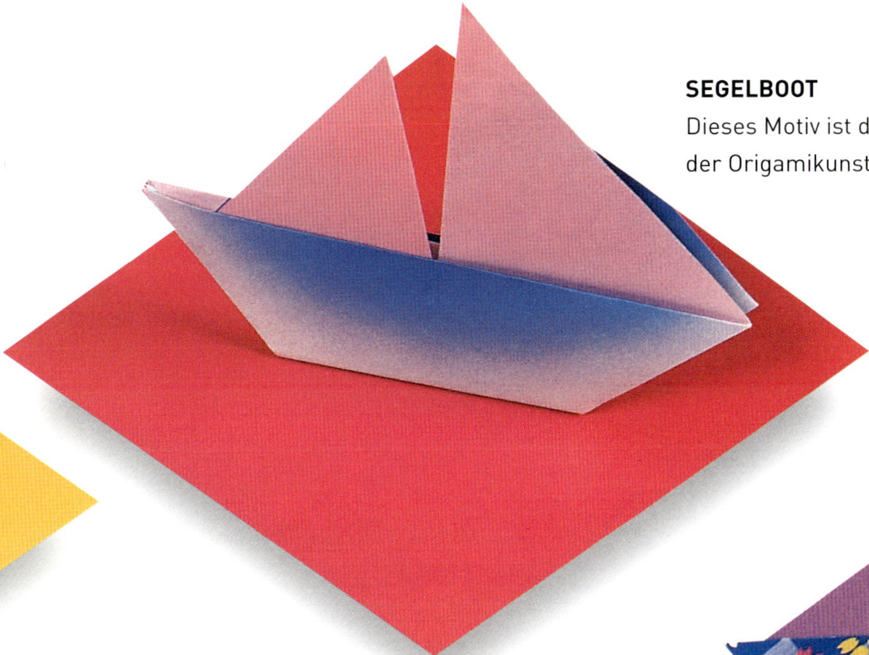

SEGELBOOT
Dieses Motiv ist das Symbol der Origamikunst in Amerika.

JESTERS HUT
Ein lustiges Originalmotiv des Autors.

PFEIFE
Dieses ungewöhnliche, raffinierte Motiv ist ein Entwurf von Ted Megrath.

BANK
Eine Figur, die auch für kleine Kinder leicht zu falten ist.

STERNE UND BLUMEN

Faltet man jede Ecke eines Quadrats in derselben Technik, erhält man fast zwangsläufig eine regelmäßige Form, z. B. einen Stern oder eine Blume. Diese Motive sind in Form und Farbe vielfältig variabel, und die fertigen Figuren sind auffälliger Blickfang.

GEDREHTER STERN
Grundlage ist eine Dreiteilung des Papiers.

BLUME MIT KASTENFÖRMIGEN BLÜTENBLÄTTERN
Entwurf des dänischen Origamimeisters Thoki Yenn.

GEDREHTER QUADRATISCHER STERN
In diesem Beispiel wird mit Zweitonpapier ein interessanter Effekt erzielt.

EINFACHE BLUME
Ein Blumenmotiv, das auch als „Himmel und Hölle" bekannt ist.

VOLL ERBLÜHTE BLUME
Eines von Philip Shens Meisterstücken.

GEDREHTER STERN
Hier werden beide Seiten des Papiers genutzt, um Kontrast zu erzeugen.

REGISTER

DANKSAGUNGEN

Die unten aufgeführten Objekte wurden von folgenden Künstlern geschaffen:

Sternenring von Robert Neale, Seite 30; Schale von Nick Robinson, Seite 60; Valentinsvase von Pam Bisman, Seite 62; Weihnachtsmann von Minako Ishibashi, Seite 72; Akrobat von Seiro Takeawa, Seite 80; Küken von Kunihiko Kasahara, Seite 84; Drache von Robert Neale, Seite 84; Vogeljunges von Nick Robinson, Seite 85; Witziger Hund von Robert Neale, Seite 85; Satsumas Hund von Fred Satsuma, Seite 85; Klassische Schale von Philip Shen, Seite 87; Trinkbecher von Paulo Mulatinho, Seite 87; Würfel von Shuzo Fujimoto, Seite 89; Buch von Martin Wall, Seite 90; Jesters Hut von Nick Robinson, Seite 91; Pfeife von Fred Megrath, Seite 90; Blume mit kastenförmigen Blütenblättern von Thoki Yenn, Seite 92; voll erblühte Blume von Philip Shen, Seite 93.

INTERNATIONALE ORIGAMI-VEREINE

Die Kunst des Papierfaltens kann man ganz für sich allein üben und praktizieren. Es kann aber auch sehr viel Spaß machen, mit anderen zusammen zu arbeiten. Nachfolgend finden Sie die Adressen von zwei großen Vereinen für Origamikunst:

David Brill
British Origami Society
3 Worth Hall
Middlewood Road
Poynton, Stockport
SK12 1TS
email: www.rpmrecords.co.uk/bos

Origami München e. V.
Postfach 22 13 24
D-80503 München
Tel./Fax. 089/22 41 92
http://www.whatsup.de/webspace/origami-muenchen